朔方文庫

主編 胡玉冰

平山堂圖志

〔清〕趙之壁 撰
馬建民 李建華 校注

上海古籍出版社

圖書在版編目(CIP)數據

平山堂圖志 /（清）趙之壁撰；馬建民，李建華校注. —上海：上海古籍出版社，2023.9
（朔方文庫）
ISBN 978-7-5732-0798-2

Ⅰ.①平… Ⅱ.①趙… ②馬… ③李… Ⅲ.①名勝古迹—介紹—揚州—清前期 Ⅳ.①K928.705.33

中國國家版本館 CIP 數據核字(2023)第 149257 號

朔方文庫
平山堂圖志
〔清〕趙之壁 撰 馬建民 李建華 校注
上海古籍出版社出版發行
（上海市閔行區號景路 159 弄 1-5 號 A 座 5F 郵政編碼 201101）
（1）網址：www.guji.com.cn
（2）E-mail：guji1@guji.com.cn
（3）易文網網址：www.ewen.co
上海展强印刷有限公司印刷
開本 710×1000 1/16 印張 19.5 插頁 6 字數 254,000
2023 年 9 月第 1 版 2023 年 9 月第 1 次印刷
ISBN 978-7-5732-0798-2
K·3418 定價：118.00 元
如有質量問題，請與承印公司聯繫
電話：021-66366565

國家社會科學基金重大項目
“《朔方文庫》編纂”（批准號：17ZDA268）經費資助出版

寧夏回族自治區“十三五”重點學科
“中國語言文學”學科建設經費資助出版

寧夏大學“民族學”一流學科群之“中國語言文學”學科
（NXYLXK2017A02）建設經費資助出版

《朔方文庫》委員會名單

學術委員會

主　任：陳育寧

委　員：（按姓氏筆畫排序）

于　亭　吕　健　伏俊璉　杜澤遜　周少川　胡大雷
陳正宏　陳尚君　殷夢霞　郭英德　徐希平　程章燦
賈三强　趙生群　廖可斌　漆永祥　劉天明　羅　豐

編纂委員會

主　編：胡玉冰

委　員：（按姓氏筆畫排序）

丁峰山　田富軍　安正發　李建設　李進增　李學斌
李新貴　邵　敏　胡文波　胡迅雷　徐遠超　馬建民
湯曉芳　劉鴻雁　趙彦龍　薛正昌　韓　超　謝應忠

總　　序

陳育寧

寧夏古稱"朔方",地處祖國西部地區,依傍黄河,沃野千里,有"塞上江南"之美譽。她歷史悠久,民族衆多,文化積澱豐厚。在這片土地上産生並留存至今的古代文獻檔案數量衆多、種類豐富,有傳統的經史子集文獻、地方史志文獻、西夏文等古代民族文字文獻、岩畫碑刻等圖像文獻,以及明清、民國時期的公文檔案等,這些文獻檔案記述了寧夏歷朝歷代人們在思想、文化、史學、文學、藝術等各方面的成就,藴含着豐富而寶貴的、具有地域和民族特色的歷史文化内涵,是中華各民族人民共同的精神和文化財富,保護好、傳承好這批珍貴的文化遺産,守護好各民族共有的精神家園,扎實推進新時期文化的繁榮發展,是寧夏學者義不容辭的擔當。

黨和國家歷來高度重視和關心文化傳承與創新事業,積極鼓勵和支持古籍文獻的收集、保護和整理研究工作,改革開放以來,批准實施了一批文化典籍檔案整理與研究重大項目,取得了一大批重要成果。2017 年 1 月,中共中央辦公廳、國務院辦公廳印發《關於實施中華優秀傳統文化傳承發展工程的意見》,把中華優秀傳統文化的傳承和發展推上了新的歷史高度。《意見》指出,要"實施國家古籍保護工程","加强中華文化典籍整理編纂出版工作"。這給地方文獻檔案的整理研究,帶來了新的機遇。

寧夏作爲西部地區經濟欠發達省份,一直在積極努力地推進優秀傳統文化傳承發展事業。2018 年 5 月,《寧夏回族自治區實施中華優秀傳統文化傳承發展工程方案》和《寧夏回族自治區"十三五"時期文化發展改革規劃綱要》正式印發,爲寧夏文化事業的發展繪就了藍圖。寧夏提出了"小省區也能辦大文化"的理念,决心在地方文化的傳承發展上有所作爲,有大作爲。在地方文獻檔案整理研究方面,寧夏雖資源豐富,但起步較晚,力量不足,國家級項目少。

這種狀況與寧夏對文化事業的發展要求差距不小，亟須迎頭趕上。在充分論證寧夏地方文獻檔案學術價值及整理研究現狀的基礎上，以寧夏大學胡玉冰教授爲首席專家的科研團隊，依托自治區"古文獻整理與地域文化研究"人文社科重點研究基地以及自治區重點學科"中國語言文學"、重點專業"漢語言文學"的人才優勢，全面設計了寧夏地方歷史文獻檔案整理研究與編纂出版的重大項目——《〈朔方文庫〉編纂》，並於 2017 年 11 月申請獲批立項爲國家社科基金重大項目，這一項目的啓動，得到了國家的支持，也有了更高的學術目標要求。

編纂這樣一部大型叢書，涉及文獻數量大、種類多，時間跨度長，且對學科、對專業的要求高，既是整理，更是研究，必須要有長期的學術積累、學術基礎和人才支持。作爲項目主持人，胡玉冰教授 1991 年北京大學畢業後，一直在寧夏從事漢文西夏文獻、西北地方(陝甘寧)文獻、回族文獻等爲主的古文獻整理研究工作，他是寧夏第一位古典文獻專業博士，已主持完成了 4 項國家社科基金項目，包括兩項重點項目，出版學術專著 10 餘部。從 2004 年主持第一項國家社科基金項目開始，到 2017 年"《朔方文庫》編纂"作爲國家社科基金重大項目立項，十多年來，胡玉冰將研究目標一直鎖定在地方文獻與民族文獻領域。其間，他完成的國家社科基金項目結項成果《寧夏古文獻考述》，是第一部對寧夏古文獻進行分類普查、研究，具有較高學術價值的成果，爲全面整理寧夏古文獻提供了可靠的依據；他完成的《傳統典籍中漢文西夏文獻研究》入選《國家社科基金成果文庫》，爲《朔方文庫・漢文西夏史籍編》奠定了研究基礎；他完成出版的《寧夏舊志研究》，基本摸清了寧夏舊志的家底，梳理清楚了寧夏舊志的版本情況，爲《朔方文庫・寧夏舊志編》奠定了研究基礎。在項目實施過程中，胡玉冰注重與教學結合，重視青年人才培養，重視團隊建設。在寧夏大學人文學院，胡玉冰參與創建的西北民族地區語言文學與文獻博士學位點、中國古典文獻學碩士學位點，成爲寧夏培養古典文獻專業高級專門人才的重要陣地。他個人至今已培養研究生 40 多人，這些青年專業人員也成爲《朔方文庫》項目較爲穩定的團隊成員。關注相關學術動態，加强與兄弟省區和高校地方文獻編纂同行的學術交流，汲取學術營養，也是《朔方文庫》在實施過程中很重要的一則經驗。

《朔方文庫》是目前寧夏規模最大的地方文獻整理編纂出版項目，其學術意義與社會意義重大。第一，有助於發掘和整合寧夏地區的文化資源，理清寧夏文脉，拓展對寧夏區情的認識，有利於增强寧夏文化軟實力，提升寧夏的影響力，促進寧夏經濟社會全面發展；第二，有助於深入研究寧夏歷史文化的思想精髓和時代價值，具有歷史學、文學、文獻學、民族學等多學科學術意義，推動寧夏人文學科的建設與發展；第三，有助於推進寧夏高校"雙一流"建設，帶動自治區人文社科重點研究基地、重點學科、重點專業以及學位點建設，對於培養有較高學術素質的地方傳統文化傳承與創新的人才隊伍有積極意義；第四，在實施"一帶一路"倡議大背景下，深入探討民族地區文獻檔案傳承文明、傳播文化的價值，可以更好地爲西部地區擴大對外文化交流提供決策支持。

編纂《朔方文庫》，既是堅定文化自信、鑒古開新、傳承和弘揚中華優秀傳統文化的需要，也是服務當下經濟社會文化發展的需要，是一項功在當代、澤溉千秋的文化大業。截至 2019 年 7 月，本重大項目已出版大型叢書兩套、研究著作，依托重大項目完成碩士研究生學位論文 9 篇。叢書《朔方文庫》爲影印類古籍整理成果，按專題分爲《寧夏舊志編》《歷代人物著述編》《漢文西夏史籍編》《寧夏典藏珍稀文獻編》《寧夏專題文獻和文書檔案編》共五編。首批成果共 112 册，收書 146 種。其中《寧夏舊志編》32 册 36 種，《歷代人物著述編》54 册 73 種，《漢文西夏史籍編》15 册 26 種，《寧夏典藏珍稀文獻編》10 册 7 種，《寧夏專題文獻和文書檔案編》1 册 4 種。《寧夏珍稀方志叢刊》共 16 册，爲點校類古籍整理成果，由中國社會科學出版社、上海古籍出版社分别於 2015 年、2018 年出版。《朔方文庫》出版時，恰逢寧夏回族自治區成立 60 周年，這也説明，在寧夏這樣的小省區是可以辦成、而且已經辦成了不少文化大事，對於促進寧夏文化事業的發展、提升寧夏知名度起到了重要作用。同時也要看到，由於基礎薄弱，條件和力量有限，我們還有許多在學術研究和文化建設上想辦、要辦而還未辦的大事在等待着我們。

國内出版過多種大型地方文獻的影印類成果，但尚未見相應配套的點校類整理成果。即將由上海古籍出版社推出的《朔方文庫》點校類整理成果，是胡玉冰及其學術團隊在影印類成果的基礎上的再拓展、再創新。從這一點來説，國家社科基金重大項目"《朔方文庫》編纂"開創了一個很好的先例，即在基本完成影印任務的情況下，依托高質量的研究成果，及時推出高質量的點校類整理成果，將極大地便于學界的研究與利用。我相信，《朔方文庫》多類型學術成果的編纂與出版，再一次爲我們提供了經驗，增强了信心，展現了實力。衹要我們放開眼界，集聚力量，發揮優勢，精心設計，培養和選擇好學科帶頭人，一個項目一個項目堅持下去，一個個單項成績的積累，就會給學術文化的整體面貌帶來大的改觀，就會做成"大文化"，我們就會做出無愧於寧夏這片熱土、無愧於當今時代的貢獻！

2020年7月於銀川

（陳育寧，教授，博士生導師，寧夏回族自治區政協原副主席，寧夏大學原黨委書記、校長）

目　録

整理説明

《平山堂圖志》十卷，卷首一卷。平山堂建於宋慶曆八年(1048)，是北宋政治家歐陽修任揚州太守時所建。因爲堂建於丘陵之上，揚子江以南的山嶺可以盡收眼底，人坐在堂中視綫與衆山相平，所以稱之爲平山堂。經歷宋、元、明數代興廢，至清代時，平山堂爲康熙、乾隆兩帝南巡駐蹕的行宫。乾隆三十年(1765)，乾隆皇帝南巡結束後，負責接駕的兩淮鹽運使趙之壁博搜群籍、網羅舊聞，仿照古人左圖右書之義編成《平山堂圖志》，共分宸翰、圖、名勝、藝文、雜識五門。宸翰是有關清代諸帝對平山堂及其周邊名勝的御書、題咏、賞賜。圖是有關平山堂各景點的版畫。名勝是有關平山堂名勝景觀的詳細描述。藝文是有關平山堂及其周邊景觀建築的賦、詩、記、序、銘等文學作品。雜識是有關平山堂的雜録方言、异聞、軼事等。

趙之壁(? —1771?)，清寧夏府人，清初關西名將趙良棟之孫，直隸總督趙弘燮之子。趙之壁於乾隆五年(1740)任户部郎中，"管户部坐糧廳事務"。乾隆七年(1742)任廣西思恩府知府。乾隆二十七年(1762)任兩淮鹽運使。乾隆三十三年(1768)，趙之壁因卷入"兩淮鹽引案"被革職。乾隆三十五年(1770)，趙之壁曾短暫擔任江西驛鹽道，後曾任長蘆鹽運使。乾隆三十六年(1771)，趙之壁曾被引見，之後因病返回原籍寧夏，不久病卒。《清高宗實録》散見其生平資料。《〔乾隆〕寧夏府志》卷一三《人物》、《揚州畫舫録》、《滿漢名臣傳》卷一《趙良棟傳》、《清史列傳》卷一二《趙弘燦傳》,《國朝先正事略》卷一一《趙襄忠公事略》等文獻都附有趙之壁小傳。

《平山堂圖志》内容包括卷首及正文卷一至卷一〇，其中卷首爲宸翰，收録清朝康熙、乾隆等皇帝御賜物名稱以及御製詩文、聯額等；卷一、卷二爲名勝，對各景點依次作叙述和説明；卷三至卷九爲藝文。收録歷代歌咏平山堂一帶景點的賦、詩、序、銘等；卷一〇爲雜識，從歷代詩話、筆記、史志中輯録有關平山堂的軼聞若干條。

《平山堂圖志》成書於乾隆三十年七月，臺灣大學圖書館藏有乾隆三十年(1765)揚州官署原刊本，該書半頁十行，每行二十一字，左右雙欄、單魚尾。《平山堂圖志》還有日本天保十四年(1843)官版本，光緒九年(1883)歐陽利見重刊本、光緒二十一年(1895)六一頭陀心悟重訂本。日本早稻田大學圖書館收藏有天保十四年本和光緒二十一年六一頭陀心悟重訂本。中國國家圖書館收藏有天保十四年本《平山堂圖志》。

乾隆三十年揚州官署原刊本有趙之壁自序而無跋文，各卷次編排順序爲序、凡例、卷首宸翰與名勝全圖、卷一名勝上、卷二名勝下、卷三至卷九藝文、卷一〇雜識。光緒九年歐陽利見重刻本係歐陽修後裔歐陽利見收集《平山堂圖志》刻板，重加校訂，并撰寫跋文一篇。光緒二十一年六一頭陀心悟重訂本書衣有"光緒乙未年三月，平山主裔六一頭陀心悟重訂"字樣，書簽題寫"郭慶藩署檢""田碧堂珍訂""星悟持贈"。日本天保十四年官板本題簽書名《官板平山堂圖志》，裝幀形式爲和裝。據卞孝萱先生《日本官板〈平山堂圖志〉跋》一文研究，日本天保十四年，江户昌平翻刻《平山堂圖志》原刊本，京都大學附屬圖書館藏版。1909年，松山堂書店利用六然堂藏版出版了天保十四年版重刊本。

自平山堂建成以來，歷代衆多文人到此游覽并留下了大量的詩文。乾隆時期，學者開始對與平山堂相關的歷代詩文進行彙編。先後有：乾隆七年(1742)，由新安汪應庚編、汪應銓校的《平山攬勝志》十卷；乾隆十六年(1751)，由江都程夢星編纂，江都汪立德、汪秉德校梓的《平山堂小志》十二卷。

趙之壁於乾隆二十七年任兩淮鹽運使。乾隆三十年，乾隆皇帝南巡，揚州鹽商在北郊新建了卷石洞天、西園曲水、平岡艷雪等二十景，形成了"兩堤花柳全依水，一路樓臺直到山"的園林景觀。兩淮鹽運使趙之壁在南巡接駕後纂成了《平山堂圖志》，對揚州北郊到平山堂的園林和名勝分别加以叙述，并次以歷代藝文。從《平山堂圖志》的編修過程來看，趙之壁在編修過程中參考了汪應庚的《平山攬勝志》和程夢星的《平山堂小志》等資料。

該書是研究揚州歷史名勝與人文景觀非常重要的資料，特别是本書關於平山堂各景觀的記述和收録的六十六幅名勝全圖，是研究平山堂景人文景觀布局及其演變情况的重要資料。不僅如此，該書在日本的傳播和刊刻及回傳中國，也成爲中日文化交流史上具有重要意義的作品。

明文出版社 1980 年出版《中國佛寺史志匯刊》影印出版了《平山堂圖志》乾隆三十年(1765)揚州官署原刊本。文海出版社 1971 年出版《中國名山勝迹志》影印出版了《平山堂圖志》天保十四年本。成文出版社有限公司 1983 年出版《中國方志叢書・華中地方・江蘇省》影印出版了《平山堂圖志》光緒九年(1883)重刊本。卞孝萱、高小健、王少浩、陸寧、吴曉揚等人有關於趙之壁及《平山堂圖志》的整理研究成果。

整理者主要以標點、校勘、注釋等方式對《平山堂圖志》進行整理,以乾隆三十年揚州官署原刊本(簡稱“乾隆三十年本”)爲底本,以日本天保十四年官版本(簡稱“天保十四年本”)、光緒九年歐陽利見重刊本(簡稱“光緒九年本”)、光緒二十一年六一頭陀心悟重訂本(簡稱“光緒二十一年本”)爲對校本。

序

平山堂踞蜀岡巔，宋慶曆八年，廬陵歐陽文忠公守揚時所築也。蜀岡在宇宙間，不足以言撮土，揚州地勢平衍，俗好爲高樓傑閣以收遠景，平山堂特其一耳。乃流傳至今七百餘年，屢廢復興，登斯堂者，至低回留之不能去，豈不以其人哉！我聖祖仁皇帝臨幸斯堂，寵頒御藻。我皇上四幸江南，宸翰龍章，極寵遇褒嘉之美。异世名賢遭逢聖主，信千古所未有也。之壁奉命膺漕運之職，[1]來居是邦，雖無守土之責，而高山景行，向往維切。况恭逢翠華莅止，得備埽除供頓之役，瞻雲漢之昭回，溯前賢之芳躅，其歡欣踴躍，有不自知其然而然者。因以其暇日，與一二好古之士，流覽山川，網羅載籍，汰舊志之繁冗，變其體裁，而益以未備，因平山堂以及蜀岡，因蜀岡以及保障湖，因岡與湖以及諸園亭、祠寺，竊仿古人左圖右書之義，勒成一書，曰《平山堂圖志》。縱未敢争勝前人，要於歐陽公所云"事增於前，文省於舊"者，其庶幾焉。夫地以人傳，而人之傳，又視其遇不遇。之壁既私幸躬逢其盛，而又慶斯堂之遇，則是役也，其不可以已矣夫。

時在乾隆乙酉七月既望，①天水趙之壁序於揚州官署。

【校勘記】

［1］漕：天保十四年本、光緒九年本、光緒二十一年本均作"轉"。

---

① 乾隆乙酉：乾隆三十年(1765)。

凡　例

一，古地志并稱圖經，蓋古人左圖右書，不可偏廢。而輿地形勢，尤非圖不明，唐李吉甫《元和郡國圖志》、①宋王存《九域圖志》皆其例也。②《平山堂志》繪圖既多，故亦稱"圖志"云。

一，平山堂舊有汪應庚《攬勝志》、③程夢星《小志》，④俱極古雅可觀，但所重專在"藝文"一門，故事不無缺略。今志博搜群籍，類别區分，庶幾體裁略備。

一，平山堂恭逢聖祖仁皇帝翠輦時巡，親灑宸翰，欽賜内織綾幡一首於寺。我皇上四幸江南，御製詩文、聯額，炳耀日星，上方珍玩，頒賜稠疊。賢守名山，極千古遭逢之盛。今特敬謹繕録，冠諸卷端，永爲山靈光寵。

一，揚州諸山，以蜀岡爲雄冠，保障河受西山諸水，匯蜀岡前，回環曲折，而南至於硯池，兩岸園亭如綺，交綉錯然，惟平山堂之名爲最著。兹志以山水爲經，而以平山堂左右祠寺及園亭各勝爲緯，仍總稱曰《平山堂志》，以從其著焉。

一，"藝文"詳於宋元以前，至有明一代，則區别頗慎。我朝名家輩出，隨珠荆璞，美不勝收，然惟其人已往者載之，寧隘毋煩，較舊志不過十之二三而已。

一，小秦淮乃小東門外夾河，無關延賞。寶祐城在蜀岡以北，蒙谷茶園、時會堂、春貢亭、昆邱臺諸古迹又在上方寺側，皆去平山堂甚遠。舊志雖收，今不復録。

一，古書之足資考訂及有關建置興廢者，已悉扶入"名勝"門内。[1]自餘方言、詩話、軼事、异聞，或稽之史傳，或采之説部，細大不遺，總爲《雜識》一卷，用殿全書，以資博覽。

---

① 《元和郡國圖志》：即《元和郡縣圖志》。

② 《九域圖志》：即《元豐九域志》。

③ 《攬勝志》：即《平山攬勝志》。

④ 《小志》：即《平山堂小志》。

【校勘記】

[1] 扶：乾隆三十年本、光緒九年本、光緒二十一年本均作“扶”，天保十四年本作“采”。

卷首

宸翰

兩淮都轉鹽運使司鹽運使、世襲一等子臣趙之壁恭録

世祖章皇帝

額

敬佛。慧因寺。

聖祖仁皇帝

詩

平山堂

宛轉平岡路向西，山堂遺構白雲低。帘前冬暖花仍發，檐外風高鳥亂啼。仙仗何嘗驚野夢，鳴鑣偶爾過幽栖。文章太守心偏憶，歐陽修自題平山堂詞有“文章太守”之句。墨灑龍香壁上題。

額

平山堂。

賢守清風。

怡情。

澄曠。以上平山堂。

蓮性寺。本寺。

御賜

内織綾幡一首。

御碑

上巳日再登金山詩并唐句一首。建亭蓮性寺左。

臨董其昌書絶句一首。建亭平山堂西園内。

靈隱寺詩一首。建亭平山堂右。

世宗憲皇帝

聯

萬松月共衣珠朗，五夜風隨禪錫鳴。法浄寺。

皇上[1]

詩

平山堂作　辛未春仲[2]

梅花才放爲春寒，果見淮東第一觀。馥馥清風來月牖，枝枝畫意入雲欄。蜀岡可是希吴苑，永叔何曾遜謝安。更喜翠峰餘積雪，平章香色助清歡。

平山堂一律　丁丑春仲[3]

西寺西頭松竹深，歐陽舊迹試游尋。江南山色秀無盡，二月韶光美不禁。四字檐端垂聖藻，千秋座右揭官箴。春巡處處前徽仰，到此尤虔籲俊心。

雨中游平山堂一律　丁丑二月十日

麥穎新抽正資澤，梅英乍濯雅宜游。可教古寺徒吟謝，遂使平山不問歐。堤柳垂垂度烟重，篷筠浛浛入寒浮。微嫌絲管饒繁會，咫尺林泉負冥搜。

自高旻寺行宫再游平山堂即景六首

前朝烟棹寧耽玩，供帳因他率已陳。自是晴明山色好，重教游騎

① 皇上：清高宗。

② 辛未：乾隆十六年(1751)。

③ 丁丑：乾隆二十二年(1757)。

策高旻。

富庶從來説廣陵，滿城絲管映街燈。康風擬令崇浮約，謀食貧人慮失憑。

春風行館憩天寧，早見平山黛色青。便進湖船漾新碧，且看夾岸畫爲屏。

一株緑柳一紅欄，絲縴沿堤引木蘭。小令還輸蘇氏軾，東山未擬謝家安。

潤含新麥緑塍寬，恰是淮東第一觀。試想風流賢太守，詎因歌舞照清歡。

蜀岡游罷催歸轡，畫鷁原遲十里餘。船馬北南殊所習，始知古語信非虚。

功德山[1] 丁丑春二月

右拱平山嶠，遐臨廿四橋。古原咏文士，今半屬禪寮。法雨鏡中落，天花雲外飄。憑窗尤暢意，緑野潤新苗。

蓮性寺 丁丑春二月①

一朵花宫結浄因，周環緑水漾波新。歌臺畫舫何妨鬧，恰是亭亭不受塵。

慧因寺 丁丑春仲

竺蘭法宇緑川濱，棹返平山一問津。禪衲已知因是慧，試言慧復是何因。

平山堂 壬午仲春②

賢空建堂鄰大明，江南山色與檐平。家聲讓彼稱三至，朋盍欣兹近四并。古往今來總佳話，松風水月那閑情。林泉不异前巡況，一卷真教畫裏行。

---

① 丁丑：乾隆二十二年(1757)。
② 壬午：乾隆二十七年(1762)。

又絶句一首[2]　壬午仲春①

平山堂畔石欄圍，甲乙由人弗是非。三度頻臨收勿幕，勞民勸相慎幾微。

又絶句八首[3]　壬午②

九峰園畔换輕舟，古郡城西初度游。二十四橋雖莫辨，紫薇猶足緬風流。

樓臺絲管廣陵擅，廿里雙堤隙地無。幼挈老扶恣瞻就，吾心所喜在斯夫。

陪臣賀所大宛朝，[4]侍衛携來不憚遥。便許隨觀都踴躍，無文徑説踐紅橋。

舟移岸轉换歌聲，早見平山翠黛横。五載流陰才瞥眼，越豪今日是今情。[5]

一脉西來總蜀岡，安名立字定何妨。東山偏自稱功德，蓮界因之禮法王。

瀑泉渟潨落雲空，宛轉輕輿有路通。對峙雙峰度雲棧，笑他望蜀太求工。

山堂小憩引遐思，論世端宜尚友兹。漫惜梅花開未盛，看梅恰合是斯時。

閏藏芳信待維揚，霽旭和風了不涼。緑蕙紅茶争放色，平山今日識春光。

再游平山堂作　壬午仲春望前一日

時節逮花朝，百卉舒韶光。駐蹕有餘暇，爰再游山堂。遠迎坡梅紅，近拂堤柳黄。夾堤多名園，時復一徜徉。遇佳輒留題，好樂亦戒

① 壬午：乾隆二十七年(1762)。
② 壬午：乾隆二十七年(1762)。

荒。畫舫不知遥，至止大明旁。迴出適所逢，試問因何芳。地勝究以人，睪然懷歐陽。既乃怵然懼，得毋誚馮唐。

游平山堂　壬午四月朔日

畫舫輕移邗水濱，人思六一重游巡。陰陰葉色今迎夏，衮衮花光昨餞春。巧法底須誇激水，淳風惟是慚投薪。江南山可平筵望，望豈因山因憶民。

題蓮性寺作　壬午仲春①

江都城北多陂澤，水物由來清且奇。瀟灑青蓮宇標性，交蘆同悟合還離。

題慧因寺作　壬午仲春②

金粟如來是慧雲，迴超緣覺與聲聞。猶嫌靈運爲饒舌，孟顗精勤底足云。

平山堂絶句八首　乙酉③

曉烟欲泮猶未泮，山色如遥却不遥。一路名園都可憩，木蘭先泊倚虹橋。

纜牽春水拍舟輕，戢戢新蒲刺水生。夾岸樓臺不知幾，飄颻都在鏡中呈。

澹蕩輕風静碧淪，堤籠絲柳拂船唇。沿堤緹騎非嚴蹕，爲挈銀牌賜老人。

春光滿眼已撩人，梅白茶紅倚翠筠。屈指長橋過廿四，風流誰是紫薇倫。

有時屧步有時舟，幾暇聊成爛漫游。饒舌咄哉此言失，得閑吾豈樂天流。

---

① 壬午：乾隆二十七年(1762)。
② 壬午：乾隆二十七年(1762)。
③ 乙酉：乾隆三十年(1765)。

傍午徂雲忽放晴，平山濯翠益分明。吾寧徒爲游山計，計到田功實暢情。

緑竹參天一徑細，白梅似海萬株多。援毫題曰小香雪，大者淶旬較若何。

梅塢西鄰即蜀岡，春風依舊坐山堂。適來絲管真嫌聒，恰喜松風一掃涼。

平山堂[6] 乙酉仲春

鬱律山堂倚碧嶒，建時猶自紀廬陵。羶薌佳勝七百載，嘯咏風流四五朋。必有真能被民澤，不然何以至今稱。重來拱讀奎章焕，旌淑原從漢詔徵。

功德林 乙酉春月

竺宇平山左，厥名功德林。石磴雖不高，亦足具四臨。右俯適來川，絲管猶繁音。左挹麥塍緑，實覺娱吾心。視聽胥且置，一思功德義。譬如惠心者，勿問乎惠意。佛無物不度，度亦不居惠。是則功與德，二字將何寄。微覺調御笑，語言實兒戲。

再游平山堂即景八首 乙酉二月

去時春仲來春暮，真是春光馬上看。祇有風流賢太守，千秋名在碧峰端。

北瞻昆軸廣陵南，園倚虹橋鏡影看。[7]若使武夷徵故事，[8]便當九曲自兹探。

緑柳陰濃曲岸頭，緩移畫舸惠風柔。青琅玕館凝神盼，誰道尋常竹有秋。

侍衛銀牌賜老人，渥恩便奪亦情真。可知半日行春舫，不爲閑游爲省民。

暖香明艷正含嘉，幾架雲棚護惜加。不讀廬陵歐氏序，誰知天下有真花。

麗日輕風喜朗晴，麥田吐穗待秋成。今朝功德山頭望，始覺吾心暢快生。

平阜池堂俯碧漣，已看荷葉出田田。傳花命酒園嘉客，高致當年在眼前。

坐惟片刻未斜暉，問景聽稱馳驛飛。短句八章聊紀事，足酬佳興可言歸。

額

敕題法净寺。

蜀岡慧照。以上法净寺。

衆香清梵。蓮性寺。

慧因寺。

慈緣勝果。以上慧因寺。

天池。功德林。

小香雪。蜀岡。

高咏樓。本園。

水竹居。

静照軒。以上水竹居。

趣園。本園。

净香園。

怡性堂。以上净香園。

倚虹園。

致佳樓。以上倚虹園。

九峰園。本園。

聯

淮海奇觀别開清净地，江山静對遠契妙明心。法净寺。

詩意豈因今古异，山光長在有無中。平山堂。

緑水入澄照，青山猶古姿。功德林。

竹裏尋幽徑，梅間卜野居。小香雪。
山堂返棹留閑憩，畫閣開窗納景光。高咏樓。
水色清依榻，竹聲凉入窗。水竹居。
目屬高低石，步延曲折廊。
何曾日涉原成趣，恰值雲開亦覺欣。以上趣園。
結念底須懷爛熳，洗心雅足契清凉。
雨過净猗竹，夏前香想蓮。以上净香園。
柳拖弱縷學垂手，梅展芳姿初試嚬。
花木正佳二月景，人家疑住武陵溪。以上倚虹園。
雨後蘭芽猶帶潤，風前梅朵始敷榮。
縱目軒窗饒野趣，遣懷梅柳入詩情。以上九峰園。
臣謹按：以上各聯，并皇上御製。
縈回水抱中和氣，平遠山如藴藉人。趣園。
竹喧歸浣女，蓮動下漁舟。净香園。
明月松間照，清泉石上流。倚虹園。
名園依緑水，野竹上青霄。九峰園。
臣謹按：以上各聯，并皇上御書。

碑

辛未春仲平山堂詩。① 建亭平山堂園内。
丁丑春仲平山堂詩。② 同前。
丁丑二月十日雨中游平山堂詩。接駕廳
丁丑春二月功德山詩。建亭觀音寺右。
丁丑春二月蓮性寺詩。建亭大雄殿左。
丁丑春仲慧因寺詩。建亭寺右。
梅花畫扇石刻。平山堂。

---

① 辛未：乾隆十六年(1751)。
② 丁丑：乾隆二十二年(1757)。

壬午春仲平山堂詩。[①] 接駕廳。

又絶句一首。同前。

又絶句八首。平山堂石屏。

壬午仲春望前一日再游平山堂詩。接駕廳。

壬午四月朔日游平山堂詩。同前。

壬午仲春題蓮性寺詩。建亭大雄殿左。

壬午仲春題慧因寺詩。建亭寺右。

乙酉仲春平山堂詩。[②] 接駕廳東首。

又絶句八首。真賞樓。

又平山堂即景八首。真賞樓。

乙酉春月功德林詩。觀音寺右亭内。

御書“時和筆暢”四字并臨《定武蘭亭》卷。[③] 平山堂。

御書“峻拔爲主”四字并臨吴琚《説帖》卷。[④] 功德林。

御書“妙契凌雲”四字并仿董其昌臨楊凝式詩卷。[⑤] 净香園。

御書“取徑眉山”四字并臨蘇軾詩卷。水竹居。

御書“有凌雲意”四字并臨蘇軾書卷。趣園。

御書“石牛禪悦”四字并臨黄庭堅書卷。倚虹園。

“敕題法净寺”五字。刻石寺門。

“天池”二字。觀音寺右亭内。

“小香雪”三字。萬松亭。

“高咏樓”三字。

“水竹居”三字。

---

① 壬午：乾隆二十七年(1762)。

② 乙酉：乾隆三十年(1765)。

③ 《定武蘭亭》：唐太宗得到《蘭亭序》真迹後，曾令歐陽詢等人臨寫。又下令將歐陽詢臨寫的《蘭亭序》刻於學士院，後刻石置於定州。故此石所拓被稱爲定本，世稱《定武蘭亭》。

④ 吴琚：南宋人，《宋史》卷四六五有傳。《説帖》：南宋吴琚書法作品。

⑤ 楊凝式：華陰人(今陝西華陰人)，字景度，唐昭宗朝進士。歷仕梁、唐、晋、漢、周五代，長於詩歌，善書法，尤工顛草，《舊五代史》卷一二八有傳。

“静照軒”三字。
“趣園”二字。
“净香園”三字。
“怡性堂”三字。
“倚虹園”三字。
“致佳樓”三字。
“九峰園”三字。以上俱各刻石園内。
御賜御筆梅花扇一柄。
御書“時和筆暢”四字并臨《定武蘭亭》卷。
石刻《生秋》詩草書一卷。① 以上平山堂。
石刻《心經》并觀音像一軸。②
石刻《心經》塔一軸。
“福”字三個。以上法净寺。
御書“峻拔爲主”四字并臨吴琚《説帖》卷。功德林。
石刻《金剛經》塔一軸。蓮性寺。
又。慧因寺。
御書“妙契凌雲”四字并仿董其昌臨楊凝式詩卷。
漢玉子母猿一座。
白玉如意一握。以上净香園。
御書“取徑眉山”四字并臨蘇軾詩卷。水竹居。
御書“有凌雲意”四字并臨蘇軾書卷。趣園。
御書“石牛禪悦”四字并臨黄庭堅書卷。倚虹園。
“福”字一個。
石刻《生秋》詩一幅。

---

① 石刻《生秋》詩草書：即乾隆皇帝《梅花扇生秋詩》石刻草書。
② 《心經》：佛教基本經典，即《般若波羅蜜多心經》。

石刻《冰嬉賦》一幅。[①] 以上辛未年，各園亭同。[②]

手珠一挂。

鼻烟壺一個。

荷包二個。以上丁丑年，各園亭同。[③]

“福”字一個。

石刻《得雪》詩一幅。[④]

石刻《九老會》詩一幅。[⑤]

朝珠一挂。

手珠一挂。

帶牌一副。

鼻烟壺一個。以上壬午年，各園亭同。[⑥]

福字一個。

石刻《西師》詩一卷。[⑦]

石刻《開惑論》一卷。[⑧]

朝珠二挂。

椒手珠一挂。

綉椒袋一個。

藏香三束。

鼻烟盒一個。

鼻烟壺三個。

---

① 《冰嬉賦》：乾隆皇帝於乾隆十年(1735)創作的有關冰嬉長篇韻文。

② 辛未：乾隆十六年(1751)。

③ 丁丑：乾隆二十二年(1757)。

④ 《得雪》詩：即乾隆皇帝于乾隆二十七年九月十四日所寫《雪》。

⑤ 《九老會》詩：即乾隆皇帝于乾隆二十六年所寫《九老會詩》。

⑥ 壬午：乾隆二十七年(1762)。

⑦ 《西師》詩一卷：乾隆二十三年(1758)，朝廷出兵平定準噶爾，乾隆皇帝寫下《西師》詩一首，該詩五言二百一十四句。

⑧ 《開惑論》一卷：乾隆二十四年(1759)，平定準噶爾戰争取得胜利後，乾隆皇帝隆重慶賀并寫下《開惑論》。

鼻烟一瓶。以上乙酉年，各園亭同。

臣謹按：我皇上四幸江南，各官商邀恩賞賜，稠疊逾常。今志惟有關園亭者備載，其餘不敢妄登，庶昭敬慎云。

【校勘記】

［1］《功德山》：《清高宗御製詩・清高宗御製詩二集》卷六八《丁丑二》作《觀音山》。

［2］《又絶句一首》：《高宗御製詩・清高宗御製詩三集》卷一九《壬午三》作《第五泉》。

［3］《又絶句八首》：《高宗御製詩・清高宗御製詩三集》卷一九《壬午三》作《游平山堂即景雜集八首》。

［4］所：乾隆三十年本、光緒九年本、光緒二十一年本均作“所”，天保十四年本作“節”。

［5］今：乾隆三十年本、光緒九年本、光緒二十一年本均作“今”，天保十四年本作“吟”。

［6］《平山堂》：《高宗御製詩・清高宗御製詩三集》卷四六《乙酉四》作《題平山堂》。

［7］“看”：乾隆三十年本、光緒九年本、光緒二十一年本均作“看”，天保十四年本作“涵”。

［8］“若”：乾隆三十年本、光緒九年本、光緒二十一年本均作“若”，天保十四年本作“設”。

名勝全圖

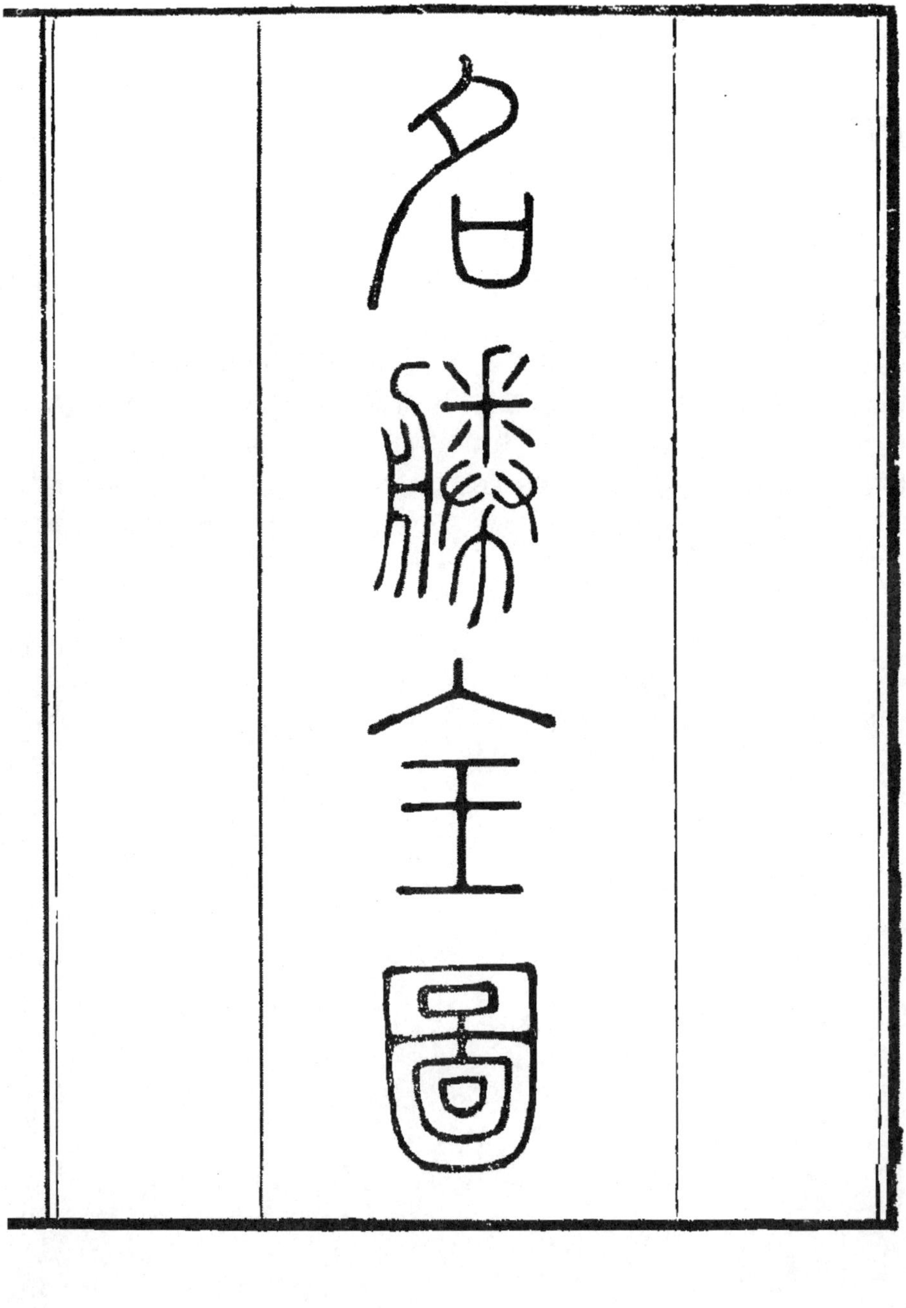
名勝全圖

圖一 蜀岡保障河全景

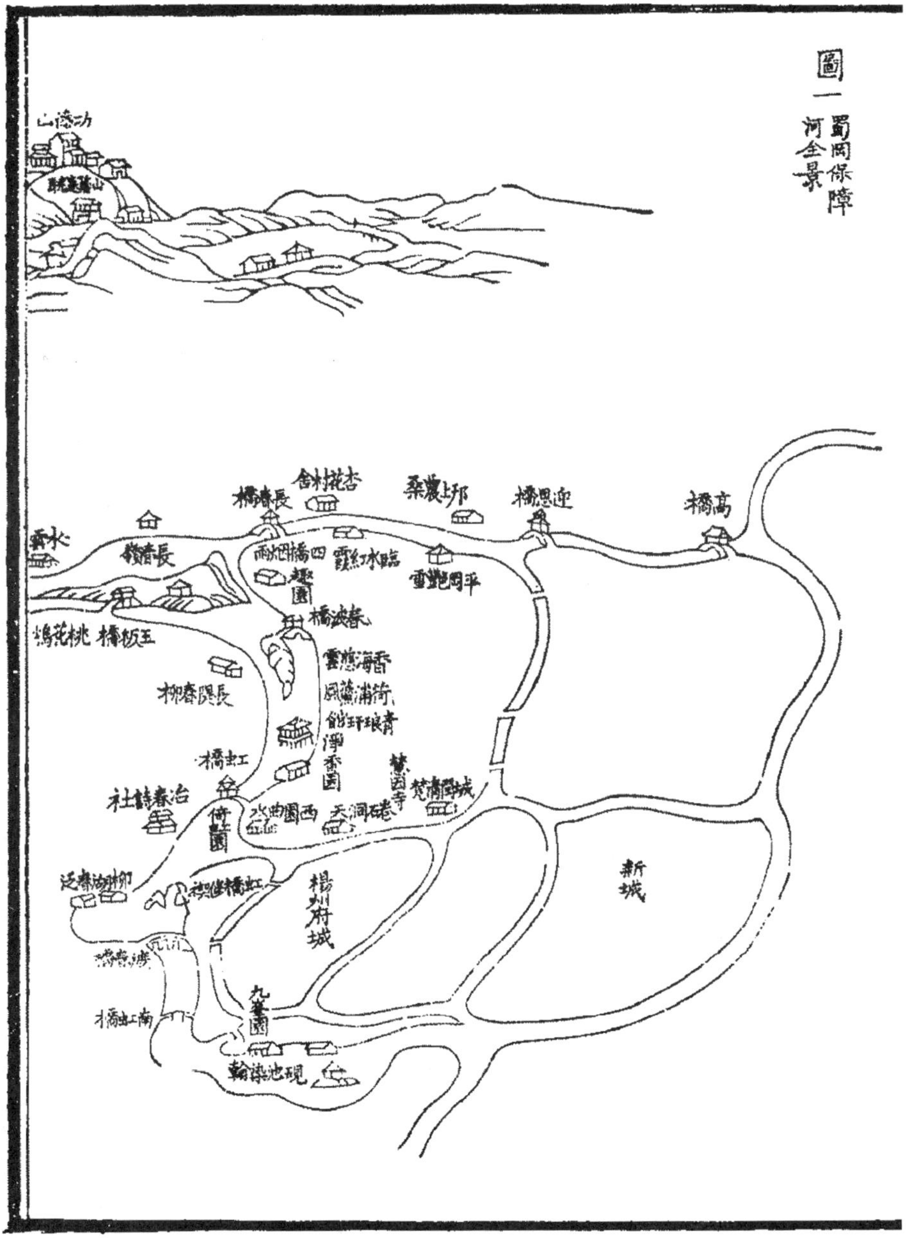
圖一 蜀岡保障河全景
功德山
長春橋
杏花村舍
邗上農桑
迎恩橋
高橋
四橋烟雨
臨水紅霞
平岡艷雪
春波橋
玉板橋
桃花塢
香海慈雲
荷浦薰風
青琅玕館
淨香園
長隄春柳
虹橋
冶春詩社
倚虹園
西園曲水
城闉清梵
揚州府城
新城
九峯園
硯池染翰

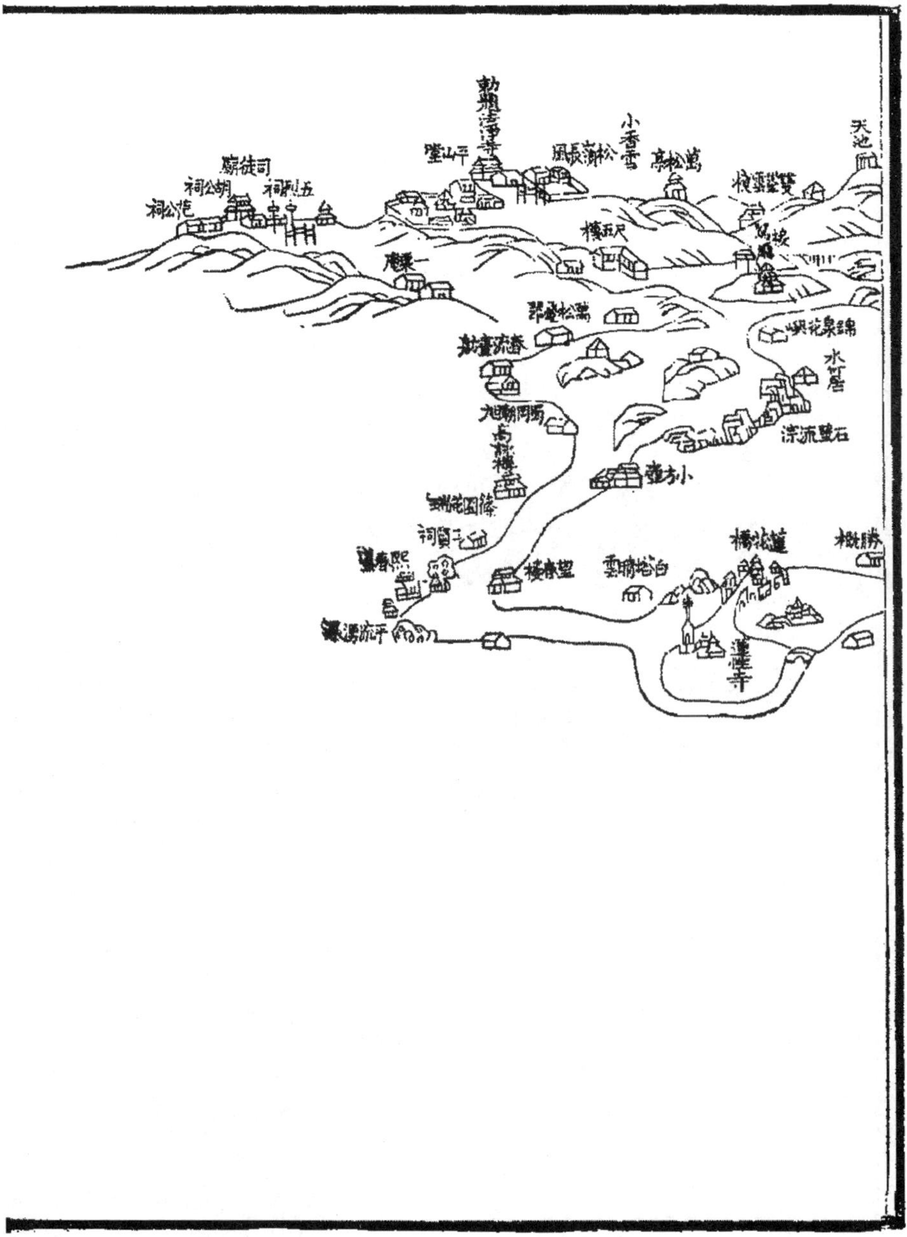

司徒廟
胡公祠
五烈祠
范公祠
平山堂
敕賜法淨寺
小香雪
萬松亭
天池
尺五樓
一粟庵
萬松疊翠
春流畫舫
錦泉花嶼
水竹居
石壁流淙
小方壺
望春樓
白塔晴雲
蓮花橋
勝概
蓮性寺
熙春臺
平流湧瀑

圖二　由城闉清梵至蜀岡三峰，再由尺五樓至九峰園

城闉清梵　慧因寺①

① 《名勝全圖》圖二、圖三、圖四各景名稱均係整理者標注。

御碑亭　香悟亭

雙清閣　涵光亭

斗姥宮　緑楊城郭　棲鶴

芍園

卷石洞天　玉山草堂　薜蘿水榭

夕陽紅半樓

契秋園　委宛山房

修竹叢桂之堂

丁溪

西園曲水　濯清堂　水明樓　觴詠樓

新月樓

净香園

青琅玕館　浮梅嶼　春雨廊　御碑亭　綠楊灣

怡性堂　春禊亭　荷浦薰風　蓬壺影　天光雲影樓

秋暉書屋　涵虛閣

春波橋　來薰堂　浣香樓　珊瑚林

香海慈雲　桃花池館　海雲庵　艤舟亭　勺泉亭

依山亭

迎翠楼

趣園　錦鏡閣　御碑亭　四橋烟雨　金粟庵

漣漪閣

面水層軒

長春橋

水雲勝槩

隨喜庵　春水廊

勝槩樓

小南屏　蓮花橋

白塔晴雲　桂嶼　花南水北之堂　積翠軒

林香草堂　種帝山房

望春樓

西笑閣

水竹居　花潭竹嶼

小方壺　静香書屋

御碑亭

石壁流淙　清妍室

閬風堂　叢碧山房

霞外亭　碧雲樓

静照軒　水竹居

錦泉花嶼　菉竹軒

籠烟篩月之軒

種春軒　香雪亭

藤花榭

微波館　錦雲軒

清遠堂

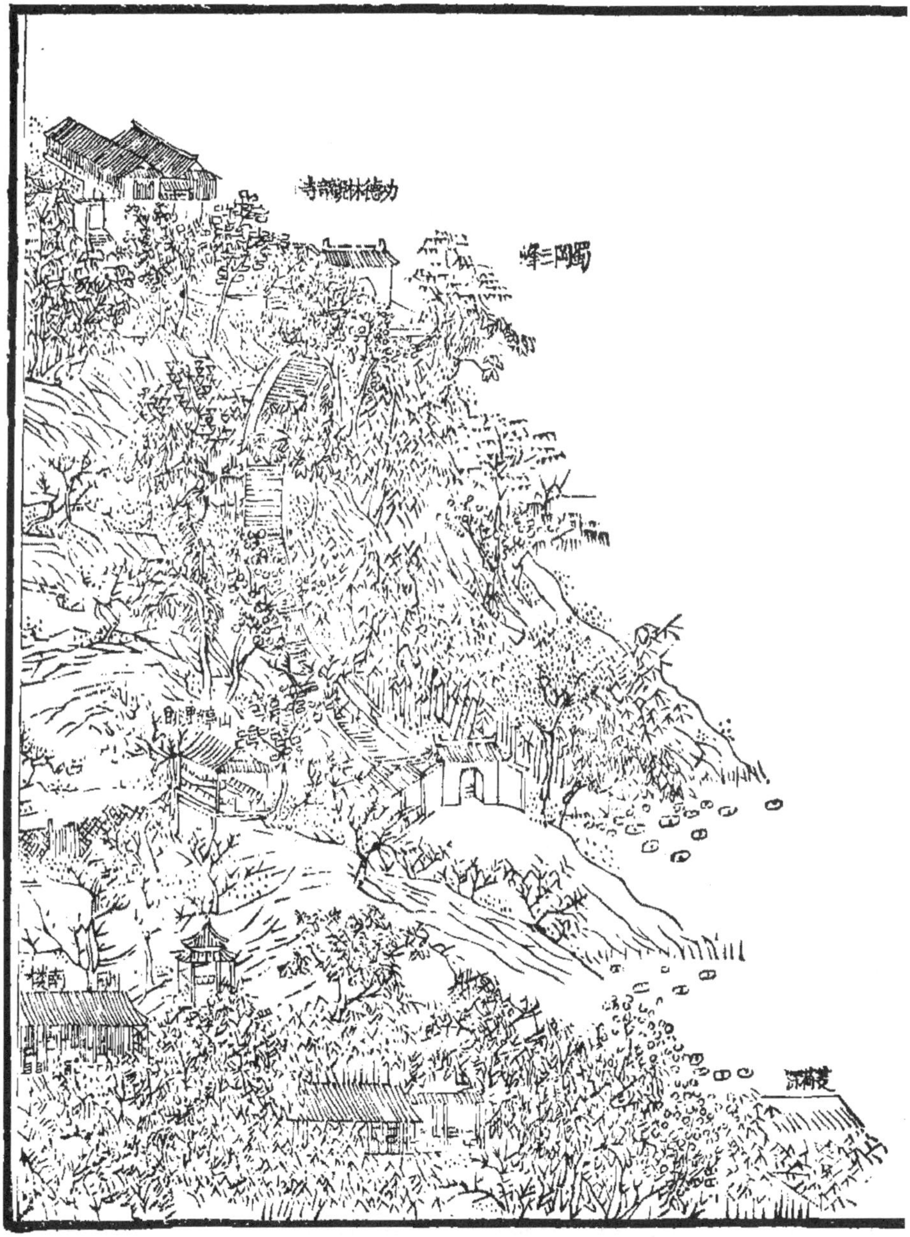

蜀岡三峰　功德林觀音寺　芰荷深處　山亭野眺　南樓

天池　環緑閣

香露亭　雙峰雲棧　聽泉樓　九曲池　松風水月橋

萬松亭　接駕亭　小香雪

松嶺長風　平遠樓　敕題法净寺

平山堂　御碑亭　第五泉　北樓　西園　水亭

一粟庵

御碑亭　五烈祠　司徒廟

胡公祠　范公祠

尺五樓　十八峰草堂　藥房

延山亭　尺五樓

緑雲亭　萬松疊翠

涵清閣

曠觀樓

清陰堂

桂露山房　春流畫舫

蜀岡朝旭　草香亭

射圃

青桂山房

初日軒　含青室　高咏樓

流香艇　曠如亭　數椽瀟灑臨溪屋

來春堂

三賢祠　仰止樓　瑞芍亭　舊雨亭　筱園花瑞

蘇亭

熙春臺

平流湧瀑

玲瓏花界

鏡泉樓

含珠堂

蓮性寺

白塔　得樹廳　三義閣　夕陽雙寺樓　蓮花橋　御碑亭　雲山閣

法海橋　中川亭

縱目亭　蒸霞堂　桃花塢

疏峰館　長春嶺

梅嶺春深　關聖廟　玉版橋

韓園

長堤春柳　曙光樓　曉烟亭

浮春檻　濃陰草堂

跨虹閣

冶春詩社　虹橋　雲構亭　香影樓　歐譜亭

冶春樓　秋思山房

懷仙館

柳湖春泛　小江潭　流波華館

度春橋

倚虹園　飲虹閣　妙遠堂　餞春堂

涵碧樓　致佳樓

領芳軒　修禊樓

南虹橋

古渡橋

九峰園

硯池染翰　風漪閣　竹亭

烟渚吟廊　一片南湖廳　海桐書屋　玉玲瓏館　臨池

縠雨軒　延月軒　御書樓　雨花庵

圖三　迎恩河東岸

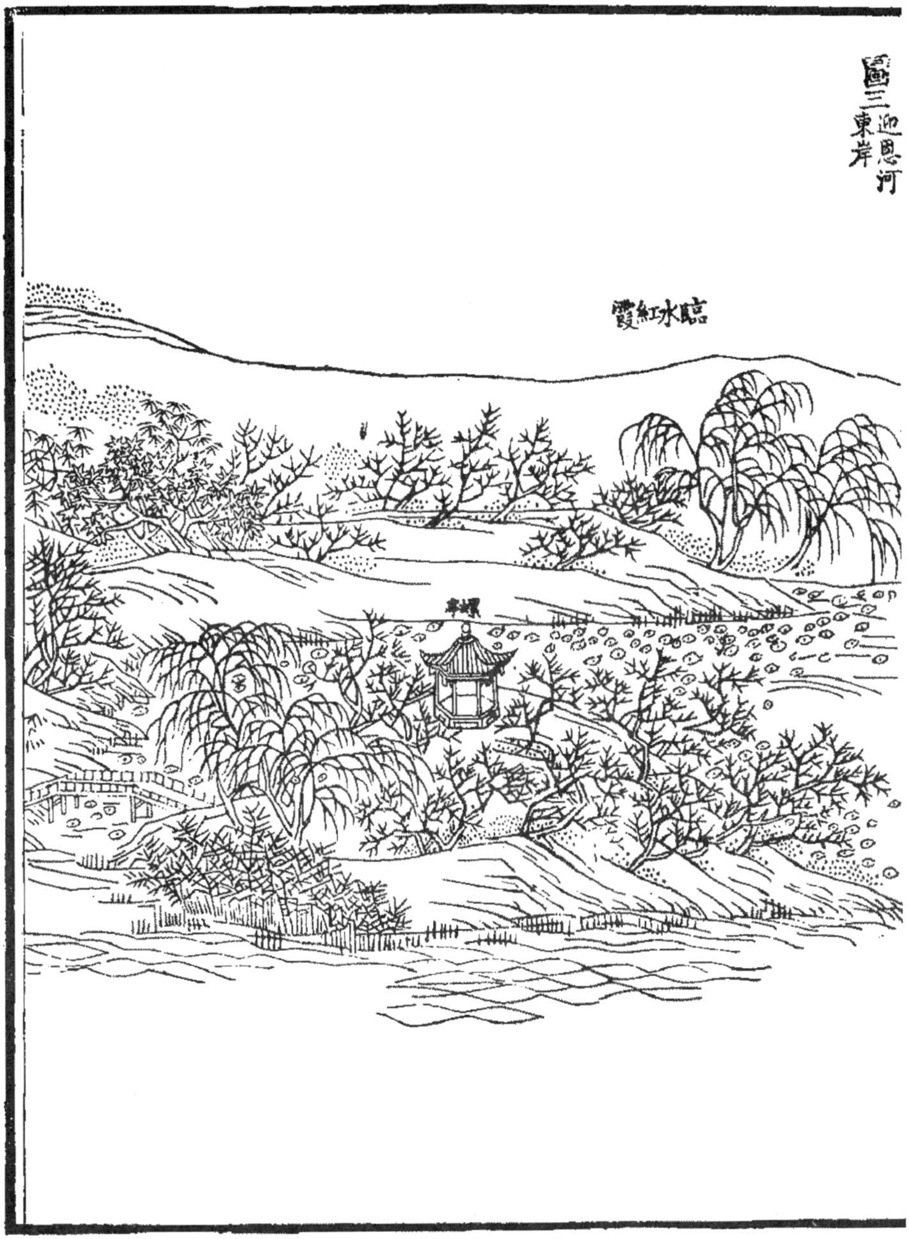

臨水紅霞　螺亭

穆如亭

桃花庵　見悟堂　飛霞樓

桐軒　平岡艷雪　枕流亭

臨流映壑

清韻軒

艷雪亭　漁舟小屋

迎恩亭

圖四　迎恩河西岸

邗上農桑

倉房　饁餉橋

報豐祠　浴蠶房

分箔房　綠桑亭　杏花村舍　大起樓

染色房　練絲房

螺祖祠　經絲房　聽機樓

東織坊　紡絲房　西織坊　成衣房　獻功樓

平山堂圖志卷第一　名勝上

蜀岡

顧祖禹《讀史方輿紀要》：在府城西北四里，西接儀徵、六合縣界，東北抵茱萸灣，隔江與金陵相對。《〔洪武〕揚州府志》：揚州山以蜀岡爲首。《嘉靖志》：[1]蜀岡上自六合縣界來，至儀徵小帆山入境，綿亘數十里，接江都縣界，迤邐正東北四十餘里，至灣頭官河水際而微，其脉復過泰州及如皋、赤岸而止。祝穆《方輿勝覽》：舊傳地脉通蜀，故曰蜀岡。陸深《知命録》：蜀岡蓋地脉自西北來，一起一伏，皆成岡陵，志謂之廣陵。天長亦名廣陵，以與蜀通，故云。姚旅《露書》：《爾雅·釋山》云："獨者，蜀。蜀，虫名，好獨行，故山獨曰蜀。"汶上之蜀山，維揚之有蜀岡，皆獨行之山也。《府志》：蜀岡一名崑岡，鮑照賦："軸以崑岡。"故名。樂史《太平寰宇記》：按，《郡國志》云："州城置在陵上。"《爾雅》云："大阜曰陵，一名阜岡，一名崑岡。"鮑照《蕪城賦》云："拖以漕渠，軸以崑岡。"《河圖·括地象》云："崑崙山横爲地軸，此陵交帶崑崙，故曰廣陵也。"今按：《朱子語類》云："岷山夾江兩岸而行，一支去爲江北許多去處。"又云："自嶓冢漢水之北生下一支，至揚州而盡，正謂蜀岡也。"蜀岡綿歷數縣，至揚州城西北大儀鄉豐樂區，三峰突起。中峰爲平山堂、棲靈寺；西峰爲聖祖御碑亭、五烈祠、司徒廟及胡、范二祠；東峰最高，爲功德山、觀音寺。

其古迹有邗溝城。《春秋左氏傳》：吴城邗溝通江淮。杜預注：今廣陵邗江是。《太平寰宇記》：城在州西四里蜀岡上。

---

[1] 《嘉靖志》：即《嘉靖惟揚志》。

又周小城。《讀史方輿紀要》：周克揚州，顯德五年，使韓令坤鎮之。① 州故城西據蜀岡，北抱雷陂，令坤以城大難守，築故城東南隅爲小城治之。

又平山堂城。《宋史·李庭芝傳》：②庭芝鎮揚州，以平山堂瞰州城，敵至，構望樓於上，張弓弩以射城中，因築城包之。

又新亭。《南史·沈慶之傳》：③竟陵王誕舉兵廣陵，慶之進新亭逼之。《方輿紀要》：新亭在蜀岡上。今俱不存。

平山堂

《讀史方輿紀要》：在府西北五里蜀岡上。程夢星《平山堂小志》：宋慶曆八年二月，廬陵歐陽修守揚州時，爲堂於大明寺之坤隅，江南諸山拱揖檻前，若可攀躋，故名曰平山堂。嘉祐初，修遷翰林學士，知制誥新喻劉敞知揚州，④有《登平山堂寄永叔内翰》詩。八年，直史館丹陽刁約自工部郎中領府事，⑤逾年，撤堂而新之，又封其庭中爲行春臺，察訪使錢塘沈括爲之記。隆興元年，長興周淙由濠梁守進徽猷閣，⑥帥維揚，起其廢，内翰鄱陽洪邁記之。淳熙間，龍圖趙子濛嘗加修葺，⑦承宣鄭興裔更增大之。⑧ 慶元間，右司郎中糜師旦移柳數十本，⑨屬揚帥趙子固爲補植。嘉定三年，大理少卿趙師石除右文殿

① 韓令坤：磁州武安人，《宋史》卷二五一有傳。

② 李庭芝：字祥甫，《宋史》卷四二一有傳。

③ 沈慶之：字弘先，吴興武康人也。《南史》卷三七有傳。

④ 劉敞：字原父，臨江新喻人，慶曆年間進士。《宋史》卷三一九有傳。

⑤ 刁約：（？—約 1082），北宋丹徒（今江蘇鎮江）人，字景純，天聖進士。嘉祐初，假太常少卿、直史館，爲兩浙轉運使，知越、揚、宣州。

⑥ 周淙：字彦廣，湖州長興人。《宋史》卷三九〇有傳。

⑦ 龍圖趙子濛：《宋會要輯稿(8)·職官六二·特恩除職》記載："（淳熙十二年）四月二日，詔新差知揚州趙子濛除直龍圖閣。"

⑧ 鄭興裔：字光錫，初名興宗，顯肅皇后外家三世孫也。《宋史》卷四六五有傳。

⑨ 糜師旦：一作糜師旦，字周卿，南宋平江府吴縣人。紹興十八年(1148)進士，歷任秘書省秘書郎、正議大夫、左司郎中、顯謨閣學士、提舉萬壽觀兼侍讀等職。

修撰，起帥于揚，始復堂之舊觀。寶慶間，史巖之更修葺之。① 元及明初，堂之興廢不可考。萬曆間，烏程吴秀領郡事，重修之，司李章邱趙拱極爲之記。

國朝康熙元年，土人變制爲寺，以堂爲前殿。十二年，山陰金鎮知揚州府事，②邑人刑部主事汪懋麟謀重建平山堂於鎮。③ 十三年，堂成，置酒召客，四方名賢至者數十人，蕭山毛奇齡、④寧都魏禧、⑤郡人宗觀及鎮與懋麟皆有記。⑥ 會鎮遷驛傳道，十四年，過揚郡，屬懋麟拓堂後地，建真賞樓，祀宋諸賢於上。堂下爲講堂，堂前臺高數十尺，復行春之舊，顔其門曰“宋歐陽文忠公書院”。今按：自宋迄今數百年，堂之廢興大概可考者如此。乾隆元年，光禄寺卿汪應庚重建，⑦增置洛春堂於真賞樓後，又於堂之西爲西園，應庚之子、知寧波府起時加修葺。乾隆十五年、二十一年、二十六年、二十九年，應庚孫奉宸苑卿立德、按察使秉德益廓而大之。先是，康熙甲子歲，⑧恭逢聖祖仁皇帝翠華臨幸，賜額賜詩。乙酉、⑨丁亥，⑩再賜堂額。乾隆辛未、⑪丁丑、⑫壬午、⑬乙酉，⑭我皇上四幸江南，詩文聯額，聖祖寵錫逾常，[1]銀榜璇題，光昭雲漢。今俱敬謹録冠卷首，以識斯堂遭遇之隆，千古所未有也。

---

① 史巖之：字子尹，南宋鄞縣人。嘉定十年（1217）進士，歷任臨安、紹興知府，福建路安撫使等職。著有《壽樂稿》。

② 金鎮：字長真，順天宛平人，原籍浙江山陰。《清史列傳》卷七四有傳。

③ 汪懋麟：字季角，號蛟門，江都人。康熙六年（1667）進士，授内閣中書。《清史稿》卷四八四有《汪懋麟傳》。

④ 毛奇齡：字大可，又名甡。《清史稿》卷四八一有傳。

⑤ 魏禧：字冰叔，江西寧都人，著有《魏叔子集》。《清史稿》卷四八四有傳。

⑥ 宗觀：字鶴問，江蘇人，貢生，官教諭。參與纂修《江南通志》，著有《咸園近稿》《章村集》等。

⑦ 汪應庚：字上章，號云谷，清徽州府歙縣人。曾任兩淮商總。編有《平山攬勝志》十卷。

⑧ 甲子：康熙二十三年（1684）。

⑨ 乙酉：康熙四十四年（1705）。

⑩ 丁亥：康熙四十六年（1707）。

⑪ 乾隆辛未：乾隆十六年（1751）。

⑫ 丁丑：乾隆二十二年（1757）。

⑬ 壬午：乾隆二十七年（1762）。

⑭ 乙酉：乾隆三十年（1765）。

行春臺

按：臺在平山堂前，宋丹陽刁約建。國朝金鎮仿其制重建，臺上植梧桐數十本，臺下東西繚以長垣，蓺諸卉果。汪應庚又重加修葺，種老桂百餘株，露冷秋高，香聞數里。

真賞樓

按：在平山堂後，康熙乙卯金鎮、[1]汪懋麟同建，取宋歐陽修詩"遥知爲我留真賞"之句以名之，祀修及蘇軾諸賢於上，秀水朱彝尊爲之記。[2] 曲阜孔尚任改題曰"晴空閣"，義取"平山欄檻倚晴空"，亦修句也。後以新城王士禛及鎮與懋麟皆配祀焉。[3]

洛春堂

按：在真賞樓後，汪應庚建。應庚《平山攬勝志》：堂前後疊石爲山，種牡丹數十本，花時宴賞，群屐咸集。

平山堂西園

亦應庚等建，園在蜀岡高處，而池水淪漣，廣逾數十畝。池四面皆岡阜，遍植松、杉、榆、柳、海桐、鴨脚之屬，蔓以藤蘿，帶以梅竹、夭桃、文杏，相間映發。池之北爲北樓，樓左爲御碑亭，内供聖祖書唐人絶句，我皇上御書諸碑刻。樓前東南數十步，爲瀑突泉，高可丈餘，如驚濤飛雪，觀者目眩。樓西，度板橋，由小亭下，循山麓而南。又東，有屋如畫舫浮池上，遥與北樓對。舫前爲長橋數折，以達於水亭。亭在池中，建以覆井，井即應庚浚池所得，謂即古之第五泉者也。亭前

---

① 康熙乙卯：康熙十四年(1675)。

② 朱彝尊：字錫鬯，浙江秀水人。著有《曝書亭集》《曝書亭詞》等。《清史稿》卷四八四有傳。

③ 王士禛：字子真，號阮亭，又號漁洋山人，新城人(今山東桓臺)。著有《漁洋山人詩集》《漁洋詩話》《池北偶談》等。《清史稿》卷二六六有傳。

兀起，爲荷廳，築石梁以通往來。舫後南緣石磴，循曲廊東轉，緣山而下，臨池爲曲室數楹，修廊小閣，别具幽邃之致。閣東復緣山循池而東，山上有小亭，過其下，折而北，穿石洞出，明徐九皋書“第五泉”三字刻石在洞中。洞上爲觀瀑亭，亭後又北，爲梅廳，西向，廳前列置奇石，石上有泉，即明釋滄溟所得井，金壇王澍書“天下第五泉”五字刻于石。[①] 泉以南數步，又一瀑突泉，與廳對。園中瀑突泉二，以擬濟南泉林之勝，無多讓焉。泉北逾山，徑由石磴延緣而上，東至於平山堂。

第五泉

張又新《煎茶水記》：[②]刑部侍郎劉公伯芻稱，[③]較水之與茶宜者，以揚州大明寺水爲第五。張邦基《墨莊漫録》：[④]元祐六年七夕，東坡時知揚州，與發運使晁端彦、[⑤]吴倅、晁无咎，[⑥]大明寺汲塔院西廊井與下院蜀井水，較其高下，以塔院水爲勝。《小志》：第五泉，在平山堂西。明景泰間，有僧智滄溟行脚至揚，郡守王宗貫、衛使李鎧等爲之結茅於平山堂側，掘地得井，内有殘碑，刊“大明禪寺”數字。嘉靖中，巡鹽御史餘姚徐九皋書“第五泉”三字，[⑦]光禄寺丞郡人火坤建亭泉上。國朝康熙間，太守金鎮重建。《攬勝志》：乾隆二年，應庚鑿山池，得古井，圍十五尺，深二十丈，較智僧所浚者廣狹既异，而泉復清美過之，中有唐景福錢數十文，有古磚，刻“殿司”二字。詳其地，正《墨莊漫録》所謂“塔院西廊”也。《小志》又云：古井在山巔，

---

① 王澍：字若琳，號虚舟，江南金壇人。《清史稿》卷五〇三有傳。

② 張又新：字孔昭，唐深州人（今河北深縣）。曾任廣陵府從事、刑部郎中、申州刺史、温州刺史等職。著有《煎茶水記》。《舊唐書》卷一四九、《新唐書》卷一七五有傳。

③ 劉伯芻：字素芝，唐河南伊闕人。憲宗時官至刑部侍郎、左散騎常侍，工書。《舊唐書》卷一五三、《新唐書》卷一六〇有傳。

④ 張邦基：字子賢，宋高郵人。著有《墨莊漫録》。

⑤ 晁端彦：字美叔，宋仁宗嘉祐四年進士，歷任秘書少監、開府儀同三司等職。

⑥ 晁无咎：晁補之，字无咎，宋濟州巨野人。曾任吏部員外郎、禮部郎中等職。著有《晁氏琴趣外篇》《雞肋集》等。《宋史》卷四四四有傳。

⑦ 徐九皋：字遠卿，浙江餘姚人。明嘉靖八年進士，曾任新陽縣令。

當是西廊井。新井卑下，去山堂甚遠，當是下院井。古井清甘而冽，新井雖清，較遜古井，知味者必能辨之。今按：兩泉并王平山堂園内，[2]汪應庚《志》則謂浚池所得井爲古之第五泉，程夢星《志》則謂明僧所得井爲古之第五泉，而以新得井爲下院蜀井。據《墨莊漫録》，但兩井并稱，亦不言孰爲第五泉，可知在宋時已無定説，況今兩井俱得自近代，古之第五泉果復出人間與否，不可得而知也，姑存其説以備考。宋時，泉上有美泉亭，歐陽修建。《修集》自注：大明井，美泉亭，今無可考。

法净寺

按：即古棲靈寺，又稱大明寺。乾隆三十年，我皇上臨幸，賜今名。《寶祐志》：大明寺即古之棲靈寺，在縣北五里，又名西寺。寺枕蜀岡上，舊有浮圖九級，見於《大觀圖經》。《小志》：宋孝武紀年以“大明”，此寺適創於其時，故曰大明寺。“棲靈”之名，見於唐劉長卿諸人詩，似在大明之後。《志》云“大明寺即古之棲靈寺”，則棲靈又似在大明前，未知所據。釋贊寧《高僧傳》：①釋懷信者，居廣陵，初無奇迹。會昌三年，武宗將欲堙滅教法，有淮南劉隱之薄游四明，旅泊之宵，夢中如泛海焉，回顧，見塔一所東渡，是淮南棲靈寺塔。其塔第三層見信，與隱之交談，且曰：“暫送塔過東海。”數日，隱之歸揚州，即往謁信。信曰：“記得海上相見時否。”隱之了然省悟。後數日，天火焚塔俱盡。《嘉靖志》：宋景德中，僧可政復募民財建塔十級，名曰“多寶”。郡守王化基以聞於朝，賜名“普惠”。既而塔與寺俱圮。又《小志》：明萬曆間，郡守吴秀即其址建寺，復圮。崇禎間，巡漕御史楊仁愿重建。② 國朝順治間，郡人趙有成募捐增修。今按：雍正間，汪應

---

①　釋贊寧：五代宋初湖州德清人，生於杭州臨安，俗姓高。太平興國年間，曾撰修《大宋高僧傳》，后任翰林院史館編修。著有《内典集》《筝譜》等。

②　楊仁愿：明江西泰和人，崇禎七年進士，曾任巡漕御史等職。曾刻印過《徑山藏》中唐釋菩提流支譯《一字佛頂輪王經》六卷等多部佛經。

庚再建，前殿、後樓、山門、廊廡、庖湢皆具，金壇蔣學正衡書“淮東第一觀”五大字，[1]刻石門外。又於寺之東建藏經樓、雲蓋堂、平樓，樓之後迤東北蜀岡上，建萬松亭。乾隆十五年以後，其孫立德、秉德屢經修建，制度益加宏敞矣。先是，聖祖仁皇帝臨幸兹寺，賜“澄曠”二字額，又賜内織綾幡一首。我皇上四舉時巡，聯額詩章，屢頒墨寶，今俱敬謹珍藏供奉。

寺舊有谷林堂。《嘉靖志》：宋元祐中蘇軾建，軾詩“深谷下窈窕，高林合扶踈”，因以名堂，今不存。寺之前有清平橋，一名砲石橋，明成化間揚州衛指揮同知陳昱造，今住持澄朗募修。

雲蓋堂

《攬勝志》：堂五楹，上爲藏經閣，取《内典》“香雲成蓋”之義以名之。堂之地，棲靈寺塔基也。

平遠樓

按：即應庚所建平樓，其孫立德等增高爲三級，飛檻凌虚，俯視鳥背，望江南諸山，尤歷歷如畫。郭熙《山水訓》云：“自近山而望遠山，謂之平遠，平遠之意，冲融而縹緲。”因以“平遠”名之。樓之後爲關帝樓，又東爲東樓。樓之景曰“松嶺長風”，由東樓而下，曰小香雪。

萬松亭

《小志》：在棲靈寺東蜀岡上，山舊有松，爲寺僧所伐。雍正八年，應庚復補植十餘萬株，因建亭于高處，名曰“萬松”。三城之勝，全淮之雄，一望在目。按：亭下水中山際，爲接駕廳。

觀音寺

《小志》：即觀音閣，宋《寶祐志》作摘星寺。明高宗本《維揚志》

---

① 蔣學正衡：蔣衡，字湘帆，晚號卓老人。工書，有《拙存堂臨古帖》傳世。《清史稿》卷五〇三《蔣衡傳》載：“乾隆中，進上，高宗命刻石國學，授衡國子監學正，終不出。”

云:“即古摘星亭址。”按：秦少游有“上平山堂，遂登摘星寺”之語，則宋時爲摘星寺。元至元間，僧申律結庵於此。明洪武己未，①僧惠整建觀音寺。乙亥，②重造山門，題曰“功德山”。正統丁巳，③僧善緣重修，復建山門，曰“雲林”，兩淮運使四明嚴貞爲記。④ 國朝乾隆六年，邑人汪應庚鼎新之。今按：觀音寺，在蜀岡東峰最高處。古摘星亭，一稱摘星樓，《方輿勝覽》云:“摘星樓在城角，江淮南北，一覽可盡者是也。”嚴貞記云:“欽賜蔣山八功德水，塑觀音像并地藏像，馳驛至山，因稱功德林，又稱功德山。”明董穀《碧里雜存》云：⑤“鍾山孝陵即寶誌瘞所，舊有八功德水，劉誠意奏改葬寶志，水亦隨往。太祖异之，爲建靈谷寺，使太常致祭焉。”功德山觀音像塑於洪武己未，則八功德水尚稱蔣山，宜也。乾隆二十一年，通奉大夫程栿重修，其子按察司玓、布政司理問璸疊加修葺，規模焕然。丁丑、⑥壬午、⑦乙酉歲，⑧我皇上臨幸，再賜詩章，俱敬謹勒于石。又於寺西恭建碑亭，御書石刻供亭内。亭後爲門，爲廡，爲正廳，廳右曲室數折，有小池畜文魚數百頭。臨池爲屋，御書“天池”二字額，敬懸屋内。再數折，由石路西下至山麓。山之景，一曰“山亭野眺”。

山之麓曰九曲池，池之古迹曰風亭、月觀、吹臺、琴室。《南史·徐湛之傳》：⑨元嘉二十四年，湛之出爲南兖州刺史。廣陵城北有陂澤，水物豐盛，湛之更起風亭、月觀、吹臺、琴室，果竹繁茂，花藥成行，招集文士，盡游玩之適。《太平寰宇記》：并在池側。

---

① 洪武己未：洪武十二年(1379)。

② 乙亥：洪武二十八年(1395)。

③ 正統丁巳：正統二年(1437)。

④ 嚴貞：字守正，號不阿，新興人。明成祖永樂十三年(1415)進士，官江西鄱陽知縣。

⑤ 董穀：字碩甫，自號碧里山樵，浙江海寧人。明正德十一年(1516)舉人，任安義、漢陽知縣。著有《碧里雜存》《澉浦續志》。

⑥ 丁丑：乾隆二十二年(1757)。

⑦ 壬午：乾隆二十七年(1762)。

⑧ 乙酉：乾隆三十年(1765)。

⑨ 徐湛之：字孝源，東海郯人，祖父徐羡之。《宋書》卷七一、《南史》卷一五有傳。

又九曲亭。《九朝録》：宋藝祖破李重進，駐蹕蜀岡，寺有龍鬭于九曲池，命立九曲亭以紀其事，又稱波光亭。《江都縣志》：乾道二年，郡守周淙重建，以“波光亭”扁揭之，陳造有賦。[①] 已而亭廢池塞。慶元五年，郭杲命工浚池，[②]引注諸池之水，建亭於上，遂復舊觀。又築風臺、月榭，東西對峙，繚以柳陰，亦一時勝境也。

又五龍廟，一作九龍廟。《府志》：在九曲池側，宋陳造有記。

又借山亭。《府志》：宋熙寧間，郡守馬仲甫於九曲池築亭，[③]名曰借山，有詩云：“平野緑陰蔽，亂山青黛浮。”亭圮，向子固重建。

又竹心亭。《縣志》：一名半山，在借山亭下茂林修竹間，宋淳熙二年吴企中建，今俱不存。

池之景，一曰“雙峰雲棧”。

聖祖御碑亭

按：在蜀岡西峰之左。《小志》：揚州知府高承爵建。[④] 康熙二十八年，聖祖南巡，賜承爵御製靈隱詩一幅，承爵勒石建亭以奉。

五烈祠

按：在蜀岡西峰。《小志》：舊爲雙烈祠，康熙四十六年鴻臚寺丞李天祚、中書吴菘、州同江世棟等建，祀池、霍二烈女。雍正十一年，甘泉令錢塘龔鑑、[⑤]邑人汪應庚重建，增祀裔、程、周三烈婦爲五烈祠。又按：五烈墓即在祠側，事迹詳龔鑑所撰祠碑。

---

① 陳造：字唐卿，南宋高郵人。淳熙二年(1175)進士，曾任定海知縣、房州通判等職。撰有《江湖長翁文集》。

② 郭杲：字子明，南宋金州人，歷任鎮江武鋒軍都統制兼知揚州、知襄陽府、江陵府副都統制、鄂州都統制等職。

③ 馬仲甫：字子山，北宋廬江人，太子少保馬亮子。進士，知登封縣。歷任夔路轉運使、淮南發運使等職。宋神宗熙寧元年(1068)，任天章閣侍制。《宋史》卷三三一有傳。

④ 高承爵：字子懋，號一庵，漢軍鑲黄旗人。康熙時由筆帖式累官揚州知府、安徽巡撫，以才著稱。

⑤ 龔鑑：字明水，浙江錢塘人。雍正間任揚州府甘泉縣知縣。《清史稿》卷四七六有傳。

又有卓氏四烈墓，事迹詳翰林院侍講彭定求所撰墓銘，[①]并載《藝文》。墓銘爲編修汪士鋐書，[②]石刻藏司徒廟。

又有郭烈婦徐氏墓。《小志》：烈婦，甘泉郭宗富妻，居臨街小屋。郭晨出，婦獨處，有儲淳者入，挑之以手，拍婦肩，婦大聲聞於鄰，獲免。郭暮歸，婦訴其事，未發詰。朝，郭再出，婦忿恚，自經死。邑令龔鑑置儲於法，詳請旌表，祀於貞節祠，葬之五烈墓側。

司徒廟

按：在五烈祠西。《南史·王琳傳》：[③]琳赴壽陽，城陷被執，陳將吴明徹殺之城東北二十里，傳首建康，懸之於市。琳故吏梁驃騎府倉曹參軍朱瑒，致書陳尚書僕射徐陵求琳首，許之，與開府主簿劉韶慧等持其首，還于淮南，權瘞八公山側。瑒等乃間道北歸，别議迎接。尋有揚州茅智勝等五人密送喪柩達于鄴。《增補搜神記》：揚州英顯司徒茅、許、祝、蔣、吴五神居揚州日，結爲兄弟，好畋獵。其地舊多虎狼，人罹其害。山溪畔遇一老婦，五神詢問，孑然無親，饑食溪泉。五神請于所居之廬，拜呼爲母。侍養未久，五人出獵而歸，不見其母。五人曰："多被虎啖。"俱奮身逐捕山間，有虎迎前，伏地就降，由此虎患始息。後人思其德義，立廟祀之，凡所祈禱，隨求隨應。廟今在江都縣東興鄉金匱山之東。至隋時，封司徒，唐加侯號。宋紹定辛卯，[④]逆賊李全數來寇境，禱于神，不吉，以神像割剖之。不三日，全被戮于新塘，肢體散落，猶全之施于神者。賊平，帥守趙范親率僚屬致享祠下，以答神貺，撤其廟而增廣之。録其陰助之功，奏請于朝，賜廟額曰

---

① 彭定求：字訪濂，江南長洲人。康熙十五年(1676)狀元，官翰林院侍講。著有《南畇詩稿》。《清史稿》卷四八〇有傳。

② 汪士鋐：字文升，江南吴縣人，康熙三十六年(1679)會元，官右春坊中允。著有《秋泉居士集》。

③ 王琳：字子珩，會稽山陰人也。《南史》卷六四有傳。

④ 宋紹定辛卯：宋紹定四年(1231)。

“英顯”，加封至八字。後平章賈似道來守是邦，[①]有禱于神者，遇旱暵則飛雨，憂霖潦則返照，救焚則焰滅，散雪則瑞應，其護國祐民，無時不顯，復爲奏請，加封王號。陸容《菽園雜記》：廣陵之墟有五子廟，云是五代時，群盜嘗結義兄弟，流劫江淮間，衣食豐足，皆以不及養其父母爲憾。乃求一貧嫗爲母，事之甚孝，凡所舉動，惟命是從，因化爲善。鄉人義之，歿後且有靈异，因爲立廟。《攬勝志》：司徒事迹莫考，《搜神》《菽園》所載似屬俗傳，證以《南史》，于理頗合。[3]然未敢臆斷，姑存以俟考。《小志》：江都有廟，不知始自何時。元江淮路總管成鐸題其碑曰“司徒靈顯感應之碑”，而無碑文。《〔萬曆〕江都縣志》：洪武十六年重建，正統、成化間相繼修。嘉靖六年，巡鹽御史雷應龍毀之，立胡安定祠，後士人復立廟於祠東。又《小志》：明正德、萬曆間，皆嘗重修，右都御史金獻民、揚州郡守吴秀皆有記。國朝康熙三十一年，縣令熊開楚因旱禱雨有應，爲立廟碑。雍正十一年，春雨浹旬，郡守尹會一過廟祈晴霽，立應。入夏，彌月不雨，又虔告於廟，甘雨大沛。因陳牲昭報，并檄行縣令每歲春秋永遠致祭。又按：《南史》稱“揚州茅智勝”，而《通鑑》作“壽陽”，蓋爾時壽陽隸揚州淮南郡，而今之揚州則東廣州廣陵郡也。壽陽在晋、宋間，或爲揚州，或爲豫州。梁太清二年屬魏，稱揚州，北齊因之，琳事在齊武平四年。此後壽陽遂爲陳有，復稱豫州矣。瑒等雖致琳首還壽陽，權瘞於八公山側，而未能即持其喪至鄴，方間道北歸，别議迎接。而五人乃能瑒等之所不能，其義烈有足多者。琳前鎮壽陽，頗多遺愛，此五人者，實壽陽之義民。今乃不祀於壽陽，而揚州爲立廟，豈神所歆哉！揚州地勢平衍而壽陽多山，即以驅虎事言之，亦不當誤以壽陽爲今之揚州也。《增補搜神》及《菽園》二記所載，皆無足置辨。明萬曆間重修者再，其一爲經理鹽政御馬監太監魯保，有記，刻石在廟中，舊志特以中官故，没其名耳。廟前迤東南山麓有小庵，曰一粟庵。

---

① 賈似道：字師憲，台州人。《宋史》卷四七四有傳。

一粟庵

按：庵之名始見於程夢星《小志》，雖屋宇無多，而林木幽深，頗堪延賞。

范公祠

按：在司徒廟西。《小志》：明崇禎間巡按御史范良彦建，祀宋参知政事、資政殿學士范仲淹，以公四子守將作院主簿純祐、觀文殿大學士純仁、尚書右丞左朝議大夫純禮、徽猷閣待制純粹爲配。國朝康熙初，增祀公後裔太傅兼太子太師内秘書院大學士文程、贈太子少保兵部尚書浙閩總督承謨。雍正間，邑人汪應庚重修，并作記。

胡公祠

按：在范公祠西。《知命録》：嘉靖十四年二月二十一日入關，曉出西門，過胡安定祠，乃舊司徒廟改作。其東别作司徒廟，未成。《縣志》：明嘉靖六年，巡鹽御史蒙化雷應龍、巡按御史王鼎撤司徒像，改祀宋太常博士安定胡瑗，令有司春秋祭祀，給其裔孫胡鯨、胡璲衣巾爲生員，世守其祠。《小志》：二十一年，巡鹽御史南昌胡植、郡守歸安朱懷幹增祀宋兵部侍郎知温州竹西王居正、秘閣修撰樂庵李衡爲三先生祠，胡植爲之記。繼又增祀明安福丞泗泉李樹敏、南京國子監丞艾陵沈珠爲五先生祠。國朝康熙間，江都令秀水項維聰重修。雍正間，邑人汪應庚繕葺之。又按：祀李樹敏、沈珠爲五先生祠事，在萬曆四十七年，邑中紳士籲請得之者也。

砲山河

《小志》：一名保障河，一名保障湖，在平山堂下，歲久淤淺。國朝雍正十年，郡守尹會一募捐重浚。今按：揚州西山諸水萃於四塘，四塘者，句城塘、小新塘、大小雷塘也。歲久俱佃爲田，水無所容，聚蜀岡東北爲湖。由兩峰間注九曲池，徑“雙峰雲棧”，匯蜀岡前。繞接駕廳，徑尺五樓而南，分爲三渠。繞中流二小渚，復合西岸，爲“萬松疊翠”。其右爲“春流畫舫”。前爲高咏樓，樓之景曰“蜀岡朝旭”。又前爲三賢祠，祠之景曰“篠園花瑞”。祠西數十步爲紅藥橋，俗所稱廿四橋者也。又前爲熙春臺，臺之右爲“平流涌瀑”，東岸爲“錦泉花嶼”“石壁流淙”。其左爲小方壺，前爲望春樓，樓與熙春臺對。河至此折而東，又分爲二：北徑“白塔晴雲”，由蓮花橋下繞“夕陽雙寺”、雲山閣，至“水雲勝槩”；南繞蓮性寺，由法海橋下稍北，至桃花塢，復合匯。長春嶺西又分爲二，南徑玉版橋下，北至長春橋，復合，又疏爲二渠。其一東流，徑長春橋下，是爲迎恩河，又稱草河。北岸爲“杏花村舍”“邗上農桑”，南岸爲“臨水紅霞”“平岡艷雪”，由迎恩橋至高橋以達于運河。其一南流，西岸爲韓園、“長堤春柳”。東岸爲趣園，園之橋曰“春波”，園之景二，曰“四橋烟雨”，其一即“水雲勝槩”也。又前，爲净香園，園之景三，曰“香海慈雲”“荷浦薰風”、青琅玕館。直南爲虹橋，虹橋以南，河又分爲二：其一南流，徑“冶春詩社”，繞倚虹園西，再徑“柳湖春泛”，由度春橋、南虹橋以至於硯池；其一東流，南徑倚虹園，是爲“虹橋修禊”，其北岸爲“西園曲水”“卷石洞天”。河又分爲二，即揚州城西北濠。其一東流，徑芍園、“城闉清梵”、斗姥宫、慧因寺，繞鎮淮門，迤邐以達於運河。其一南流，繞倚虹園，東歷通泗門，至古渡橋，稍折而西，又南與硯池合。池之北爲九峰園，園之景曰“硯池染翰”。河由硯池再折而東，至響水橋以達於運河。河自尹會一重浚後，乾隆十五年、二十年、二十六年，巡鹽御史吉慶、普福、高恒疊經挑浚，加深廣曲折，點綴園亭，栽植桃柳。游者如在山陰道中，步步引人入勝；如身入小李將軍畫圖，金碧輝煌，目不暇賞。廣陵佳麗，於斯稱極盛焉。

【校勘記】

［1］聖祖：天保十四年本、光緒九年本、光緒二十一年本均無此二字。

［2］王：乾隆三十年本、光緒九年本、光緒二十一年本均作“王”，天保十四年本作“在”。

［3］合：天保十四年本無此字。

平山堂圖志卷第二　名勝下

小香雪

舊稱十畝梅園，汪立德等所闢。乾隆三十年，我皇上臨幸，賜今名，又賜“竹裏尋幽徑，梅間卜野居”一聯。其地在蜀岡平衍處，由法净寺東樓石磴而下，北折，有橋，架天然樹爲之，橋上甃以卵石。過橋，穿深竹，徑東轉數十步，臨池南向爲草屋，參差數楹。繞池帶以高柳，柳外種梅，梅間爲石徑，東接於萬松亭。御書“小香雪”三字，刻石亭内。

松嶺長風

亦立德等所葺。法净寺東樓與萬松亭對蜀岡一曲，列若几案，松濤振響六時，到耳不絶。

雙峰雲棧

在功德山西，程玓所構也。蜀岡相傳地脉通蜀，故此建棧道以擬之。由萬松亭東歷石級而下，北過棧道，循山腰東度石梁，南折過棧道，至聽泉樓。樓跨九曲池上，與石梁對，其地即古九曲亭舊址也。樓後緣山數折，爲香露亭。山上下皆種梅，左右叢桂森翳，故以名之。循山而南，爲環緑閣，閣背山臨水，右帶蜀岡，左眺平野。九曲池水飛流涌瀑數疊，至閣前入保障河，遂成巨浸矣。閣下有橋，曰松風水月橋，巡鹽御史高恒書“松風水月”四字，磨刻崖石。

山亭野眺

程瓚建，在功德山半，下爲大道，前臨保障河，左右映帶爲萬松亭、尺五樓。其後東望，極目千里，如皋、赤岸、通州五山皆近出履舄下。亭左，歷小山，西折而下，有小亭。亭前爲南樓，樓前修竹叢桂，蓊然鬱然。樓南爲深竹廳，廳左土山蜿蜒，即與山亭接者也。山之後爲荷池，臨池爲草屋數椽，顔曰“芰荷深處”。

按：以上各景并在蜀岡。

慧因寺

《府志》：舊名舍利律院，在北門外，宋寶祐間建。國朝順治十七年，世祖章皇帝御書“敬佛”二字賜僧具足，僧奉歸，敬懸大殿。乾隆十六年，皇上御舟過寺，賜今名，又賜七言詩一首，建亭刻石。

斗姥宫

在慧因寺右。《府志》：國朝康熙三十四年，御書賜“大智光”三字額。

城闉清梵

按察使署衡永郴道畢本恕、鹽課提舉閔世儼，與慧因寺、斗姥宫俱疊經修建。寺右臨河爲御碑亭，亭右爲香悟亭，蓋取釋氏“聞木樨香來”之義。再右爲涵光亭，亭右爲雙清閣，閣右爲荷池。池右古松參天，與榆、槐相間，松下有亭，曰“聽濤”，斗姥宫在其後。又西爲曲廊水榭，低貼水際。其北爲邃室，室西長廊數折爲廳，顔曰“綠楊城郭”。廳左爲栖鶴亭，老松數株，鶴巢其上，故名。廳前稍右，西出爲芍園。

芍　園

種花人汪氏所居。門臨水際，舍舟而登，由長廊以西爲舫屋，顔曰“溪雲”，朱子書也。屋後爲花田，廣盈數畝，高樓峙其北。

卷石洞天

本員氏園址，奉宸苑卿洪徵治别業。北倚崇岡，陟級而下，右轉，爲正廳。前爲曲廊，廊左迤南爲玉山堂，廊右爲薜蘿水榭，後臨石壁。緣石壁以西，一帶小亭、高閣，悉依山爲勢，藤花修竹，披拂縈繞。對岸爲夕陽工半樓，[1]樓右皆奇石森列。樓西度石橋，有巨石兀峙，鐫“卷石洞天”四字於上，[2]與北岸一水相望，非舟不能渡。其北岸高閣以西，少前爲契秋閣，又西爲平臺，臺上爲牡丹廳。廳右爲宛委山房，前對長廊。廊右爲方廳，廳後爲小池，蓄文魚，山閣踞其上，池右小室鱗次。循廊以西，其北爲半山亭，南爲修竹叢桂之堂，堂前爲石臺，堂後則自東至西皆石壁也。石壁盡處爲樓，樓右爲曲室數重。其前爲土山，種梅。其西臨水爲屋，顔曰“丁溪”，水分流如丁字也。土山以西爲射圃，隔岸與倚虹園、御書亭對。

西園曲水

本張氏故園，副使道黄晟購得之，加修葺焉。其地當保障湖一曲，對岸又昔賢修禊之所，因取禊序“流觴曲水”之義以名之。園在“卷石洞天”之右，臨河爲觴咏樓，樓後爲濯清堂，堂左曲室數重。堂後穿竹徑，迤西爲水榭堂，右爲土山，植叢桂。山以南爲歌臺，臺西由曲廊北折爲新月樓。樓右爲拂柳亭，亭右由長廊再折而北，臨池南向爲樓，仿西域形制，曰水明樓。樓左一帶，高樓邃閣繞濯清堂而東，前與曲室相接。

虹　橋

吴綺《揚州鼓吹詞序》：在城西北二里，崇禎間形家設以鎖水口者。朱闌數丈，遠通兩岸，雖“彩虹卧波”“丹蛟截水”不足以喻。而荷香柳色，曲檻雕楹，鱗次環繞，綿亘十餘里。春夏之交，繁弦急管、金勒畫船掩映出没于其間，誠一郡之麗觀也。按：虹橋舊以板爲之，乾隆元年，郎中黄履昴改建爲石橋。十五年以後，巡鹽御史吉慶、普福、高恒俱經重建。

净香園

奉宸苑卿江春别業。乾隆二十七年，我皇上臨幸，賜今名，又賜“結念底須懷爛熳，洗心雅足契清凉”“竹喧歸浣女，蓮動下漁舟”二聯。三十年，又賜“雨過净猗竹，夏前香想蓮”一聯，又賜“怡性堂”三字額。園分三景，曰“青琅玕館”“荷浦薰風”“香海慈雲”。園門在虹橋東，入門，修篁夾植，轉竹扉，循堤而至一堂，内奉御書“净香園”額，堂面西臨湖。堂右穿竹徑至青琅玕館，篠簜千竿，大小石峰矗立，交翠亭午，温風不爍。由曲廊而出，有屋如船，曰竹舫。啓窗西望，湖中小山曰浮梅嶼，嶼上有亭，黄瓦翼然，中安御書“净香園”石刻。由竹舫而北，爲春雨廊。廊之半爲緑楊灣，其前石矼蜿蜒，水中爲春禊亭。其旁爲肄射之所，地平如砥，左竹右杏。歷階而上，曰“怡性堂”，皇上御題額也。堂左仿泰西營造法爲室五重，東面直視，若一覽可盡；及身入其中，左右數十折，不能竟重室之末。左出小廊，有屋如半矩，曰翠玲瓏閣。右折而北，有小池，蓄文魚，過此則入船屋。又出小曲廊，疊石引泉，面南有小亭，曲水流觴繞階下。亭後右出爲半閣，閣下爲堂，堂前廣庭列蒔梅花、玉蘭，假山皆作大斧劈皴。其後楹則爲蓬壺影堂之側，曰“天光雲影樓”。樓後朱藤延蔓，如欅蒲錦。樓西波光瀲灩，芙蕖滿湖，是爲“荷浦薰風”。南即怡性堂，北爲春波橋，一園之勝，舉目而得。樓之左廂折而東，則爲秋暉書屋，其北則叢桂離立，濃香襲衣。拾級而登，爲涵虚閣，八窗洞開，下臨石徑，與春波橋接。閣下多松柏、栝檜、棕櫚、梧桐，而安石榴最繁。緣橋以西，則爲來薰堂。堂之左曰“銀塘清曉”，堂前後皆水，翼以平臺，周以石欄，宜荷花，宜月。南登小樓，飛廊復道數折，曰浣香樓。前面春禊亭，其下爲白蓮亭。再由來薰堂後過宛轉橋，至海雲龕。龕奉大士像，曾經皇上臨幸，賜西域香以供，龕在水中，四面白蓮花圍繞。龕前跨水建坊，顔其桓曰“香海慈雲”。龕後有曲杠，越杠，沿堤憩艤舟亭，隔湖則爲珊瑚林、桃花池館、勺泉亭，緋桃無際，絢爛若錦綉。過小橋并桃花嶺，迤里穿花而行，遂達於依山亭。倚亭而望，則爲迎翠樓，有復道可眺其北，則與趣園接矣。

趣　園

奉宸苑卿黄履暹别業。乾隆二十七年，我皇上臨幸，賜今名，又賜“目屬高低石，步延曲折廊”“縈回水抱中和氣，平遠山如藴藉人”二聯。三十年，又賜“何曾日涉原成趣，恰值雲開下覺欣”一聯。園分二景，曰“四橋烟雨”“水雲勝概”。“四橋烟雨”在長春橋東，四橋者，右長春橋，左春波橋，其前則蓮花、玉版二橋也。園門西向，與長春嶺對。入門右折，由長廊以東，又北行深竹中，折而西，有大樓，臨水，南向，水中荷葉田田，一望無際，其右與長春橋接。門左穿竹廊而南，又東爲面水層軒，軒後爲歌臺。軒以西爲堂，西向，内供御書“趣園”額。堂之爲間者五，堂後復爲堂，爲間七，高明宏敞，據一園之勝。其右爲曲室，盤旋往復，應接不暇。其左爲曲廊，爲廳，爲閣，閣前疊石爲坪，種牡丹、綉球最盛。閣左由長廊以北，面西爲漣漪閣。又北爲金粟庵，庵北向，與閣對。庵以内，南向爲小亭，亭右爲四照軒，軒前後皆小山，山上有亭，曰叢桂亭。軒右爲長廊，西折爲廳，廳後與“香海慈雲”接。廳左爲樓，樓左爲錦鏡閣，閣跨水，架楹其下，可通舟楫。閣上綺疏洞達，綴以丹碧，望之如蜃樓。閣西接水中高阜，阜上建御碑亭，内供御書石刻。阜自南而北遍植梅花、桃柳，壘湖石爲假山，重復掩映，不令人一覽而盡也。“水雲勝槩”在長春橋西，門東向，其右爲長春嶺。入門，左右修竹，其西爲吹香草堂。堂後臨河南向爲隨喜庵，庵内爲樓，供大士像。庵右由曲廊以西爲春水廊，廊後爲歌臺，臺前種玉蘭，花時明艷如雪。廊右北折，西向爲竹廳，廳右由長廊數折，南向爲勝槩樓。樓右緣小山行梅花下，以西爲小南屏，其右與蓮花橋接。

長春橋

《縣志》：跨迎恩河上。

蓮花橋

亘保障河上，巡鹽御史高恒建。橋上置五亭，下列四翼洞，正側凡十有五，月滿時，每洞各銜一月，金色滉漾，卓然殊觀。

白塔晴雲

按察使程揚宗、州同吴輔椿先後營構，隔岸與蓮性寺、白塔對，故以名之。臨河面南爲亭，亭左右黄石兀嵂，"白塔晴雲"四字磨崖刻焉。亭後有堂，顔曰"桂嶼"，又後爲花南水北之堂。堂西爲積翠軒，軒前爲半閣。閣右穿竹徑，度橋，由長堤沿山麓而西，山上有梅花如雪，水際編朱竹爲籬，掩映有態。堤右爲廳，前後相向。廳左爲芍廳，芍廳左爲小閣。廳右復由小廊折而西，爲廳如"之"字數折，南臨保障河。廳右循堤穿梅徑，至水亭，亭後由曲廊西數折，爲林香草堂，堂後由别室西轉，爲種紙山房。山房右臨河高矗者，爲望春樓，樓前琢石爲池，左右曲橋灣環如月。其西爲石臺，臺上爲廳，廳後與樓對，前當河曲處，西向，顔曰"小李將軍畫本"，其隔岸即熙春臺也。樓右復爲露台數折，以達於西爽閣。

水竹居

奉宸苑卿徐士業園。乾隆三十年，我皇上臨幸，賜今名，又賜"水色清依榻，竹聲凉入窗"一聯，又賜"静照軒"三字額。園之景二，曰"小方壺""石壁流淙"。園在"白塔晴雲"之右，臨河西向爲水廳，廳左右曲廊。右通水中方亭，即小方壺也。左轉，由曲廊過浮橋，北折，爲廳，曰"花潭竹嶼"。廳後爲樓，供關帝像。樓右小廊西出，穿梅徑，至静香書屋。屋左爲小山，臨水，叢桂生焉。緣山而北，東折，爲半山亭。又北行桃花下，達御碑亭，内供皇上御書石刻。亭前爲石臺，臨水，後種玉蘭數十株。亭左由回廊而西，廊前巨石臨水，刻“石壁流淙”四字。廊右爲妍清室，室前種牡丹，後臨石壁，水由山後挂石壁落地，池儼同匹練，循除瀰瀰，冬夏不竭。室右有小橋，卧老樹爲之。度橋，行石壁下，迤北爲觀音洞，洞有宋磁白衣觀音像。洞前爲船屋，屋右倚石壁爲長廊，至閬風堂。堂前爲石臺，臨水，四面回廊、石檻環繞。堂後數峰特起，爲石壁最高處。堂右由長廊而北，爲叢碧山房，廊以東爲竹間小閣。循山房北行藤花下百餘步，水中有小山，桃花最盛，山上爲草亭，看東岸藤花最宜。藤花盡處，復緣山麓行，山上有亭，曰“霞外”。山止處有大樓臨水，曰“碧雲”。樓右爲静照軒，皇上御題額也。軒後，右爲箭圃，左爲曲室，窈窕數重，如往而復。最後爲水竹居，御題額供其上。居前水中石隙有瀑突泉，泉分九穗，高出檐表，散落池中如雪。再由静照軒而北，爲長廊，爲竹徑，爲六方亭，又右與“錦泉花嶼”接。

錦泉花嶼

刑部郎中吴山玉别業，今以屬知府張正治。園分東西兩岸，一水間之，水中雙泉浮動，波紋鱗鱗，即“錦泉花嶼”之所由名也。其東岸在水竹居之右，臨河西向爲屋，屋左有小廳，屋後爲緑竹軒。軒左繞廊迤北爲清華閣。軒右歷小室東折，由竹徑度曲廊，爲“籠烟篩月之軒”。軒右又小軒。轉北，歷山徑，至香雪亭。又北，折而下，至小方亭。亭後曰藤花榭，榭右自南而北皆長廊，廊之半有室，前後洞達。室後曠然平夷，左右皆回廊。其北爲清遠堂，後爲曲室；南爲錦雲軒，與堂對。堂前種松柏、梅花、玉蘭，與假山相間，曠如奥如，兼有其勝。復西出，由長廊以北，有杉木叢生，最古。又北，有小亭在道右。又北，爲梅亭。又北，由長廊至水廳，墻外即觀音山。其西岸爲微波館，館後與藤花榭對，館前爲右臺，臺右爲長橋，直南，至種春軒。軒後又南，對岸即清華閣也。橋北爲遲月樓，樓東向，後倚小山，木樨前後環列。樓右爲小閣，曰“幽岑春色”，而水中之觀以止。

按：以上各景，并在保障河東岸，其次序由南而北。

尺五樓

汪秉德構，在蜀岡之麓。臨河西向，爲樓五楹，北轉亦如之，是爲尺五樓。樓下疊石爲山，老桂叢茂，山後由竹徑入邃室，爲藥房。樓西由長廊至延山亭，亭西再折，爲十八峰草堂。堂之前臨高爲室，一望平遠，隔江諸山，若可指數。

萬松疊翠、春流畫舫

并奉宸苑卿吴禧祖構。臨河東向爲廳，前爲石臺。廳後由竹徑北折，度石橋，穿小山叢桂，至桂露山房，其前即“春流畫舫”也。舫四面垂帘，波紋動蕩如織。再由山房歷長廊而北，爲清陰堂，東面臨水，水中爲小山，種桃柳，與堂對。堂後累黄石，種牡丹。堂左爲曠觀樓，樓前石臺，樓後曲室。樓左爲北樓，對岸水中山際爲歌臺。樓左逾水廊，有屋面山，匾曰“嫩寒春曉”，梅花盛處也。又左，逾曲廊。再北，有門東向，其中爲正廳。門左繞曲廊西折而北，爲方廳，正與萬松亭對，“萬松疊翠”所由名也。廳後稍左，爲涵清閣。北由竹門出，歷山徑，爲水廳，匾曰“風月清華”。又北，緣河濱山際而行，至緑雲亭而止，其北則與蜀岡接矣。

高咏樓

按察使李志勛園。乾隆二十七年，我皇上臨幸，賜今名，又賜“山堂返棹留閑憩，畫閣開窗納景光”一聯。園之景曰“蜀岡朝旭”。園門南向，隱太湖石側。入門，迤北爲來春堂，御書“高咏樓”三字石刻供堂内。南逾小山，有屋，深五尺，廣一丈，以擬歐公畫舫，顔曰“數椽瀟灑臨溪屋”。東折，過小橋，北登曠如亭，又北過橋，爲流香艇。再由長廊以北，矗然特起，是爲高咏樓，内供皇上御書樓額，樓前爲石臺，隔岸與“石壁流淙”對，“蜀岡松翠”峙其東北隅，據一園之勝焉。樓左爲含青室，室後爲初日軒，室左度橋爲青桂山房，室後曰“眺聽烟霞”，[3]其右爲十字廳。廳後北折，循長堤登山，有亭曰“指顧三山”。亭後東折而下，其北爲射圃，右爲竹樓。由射圃前直北至園外，爲草香亭，亭右即“萬松疊翠”也。園内外皆水，繚以周垣，列置湖石，雜植梅、柳、桂、竹、牡丹、荷花，春夏之交，延覽不盡。

三賢祠

故編修程夢星篠園舊基，運使盧見曾購得之，①以畀奉宸苑卿汪廷璋，改建爲祠，見曾自爲記，刻之石。先是，邑人祀宋韓琦、歐陽修、刁約、王居卿、②蘇軾等諸人於平山堂後真賞樓，而以本朝之王士禛、金鎮、汪懋麟爲配。後學臣胡宫庶潤，爲士禛辛未會試所得士，③邑人有三賢之請而未果行，至是，始專以士禛并祀歐、蘇，而諸賢從祧矣。祠門東向，門以外爲蘇亭，又稱三過亭，因蘇詞有“三過平山堂下”之句，故以名之。入門，道左有亭，在梅花深處；道右有門，南向，顔曰“篠園”，以存其舊焉。門右爲堂，祀三賢木主。堂左穿深竹以北，爲仰止樓。[4]樓左由曲廊以東，爲舊雨亭。亭前迤左，爲牡丹廳，廳後爲曲室。樓右由長廊北折，西向爲瑞芍亭，是爲“篠園花瑞”。

篠園花瑞

在三賢祠西，按察使汪燾所闢。臨高西向爲亭曰瑞芍，其下爲芍田，廣可百畝。揚州芍藥甲天下，載在舊譜者，多至三十九種，年來不常，厥品雙歧并萼，攢三聚四，皆舊譜所未有，故稱“花瑞”焉。芍田西北百步，爲紅藥橋。

---

① 盧見曾：康熙六十年進士，官至兩淮鹽運使。《清史稿》卷三四一有傳。

② 王居卿：字壽明，登州蓬萊人。《宋史》卷三三一有傳。

③ 辛未：乾隆十六年(1751)。

紅藥橋

《小志》：俗名廿四橋，蓋訛二十四橋爲一橋耳。沈括《補筆談》記二十四橋各有名目，非一橋之名。後人因姜夔過揚州詞云“二十四橋仍在，波心蕩、冷月無聲。念橋邊紅藥，年年知爲誰生”，遂易名紅藥橋。

熙春臺

在三賢祠右，亦汪廷璋建。臺高數丈，飛甍丹檻，上出雲表。台下琢白石爲欄，列置湖石，蓺諸卉果。臺上左右爲複道，爲露臺，爲廊，爲閣，如兩翼舒拱。臺前與望春樓對，河流至此一曲。臺後迤右，爲竹亭，跨水上，水由亭下前過石橋入河，是爲“平流涌瀑”。度橋，循山麓繞堤而東，爲門，爲廡，爲廳，俱北向。廳左穿竹徑，至水亭，曰“玲瓏花界”。廳右由長廊數折，爲鏡泉樓。樓右由長廊數折，穿石洞，入曲房，房外小山環抱，山上爲梅花徑。由曲房東出，爲含珠堂。堂以東復穿石洞，拾級以登，爲半閣，爲亭，亭隔岸即蓮花橋也。

法海橋

在蓮性寺前。《縣志》：“明嘉靖四年揚州衛指揮火晟重造，知縣馬駙記。”

聖祖御碑亭

在法海橋北，内供御製《上巳日再登金山》詩并書唐人絶句一首石刻。

蓮性寺

《江都縣志》：在縣西北三里善應鄉，舊名法海寺，元至元間僧爲正建，明洪武十三年僧曇勇重建，正統元年僧弘福增建。國朝康熙初，歙人程有容等重修。四十四年，聖祖仁皇帝臨幸，賜今名。《府志》：寺後名蓮花埂。今按：乾隆七年，臨汾賀君召重修，又建文昌殿、吕祖樓，并構軒亭廊榭，疊石種樹，是爲東園，其鄉人屈復爲撰記刻石者也。丙子等年，[①]刑部郎中王統、中書許復浩、知府張子韃、劉方烜等重修。寺在保障河中央，前臨法海橋，橋南隔岸爲歌臺，迤東爲子雲亭。寺後爲白塔，高聳入雲。塔右爲得樹廳，廳前銀杏二株最古。寺右爲御碑亭，亭左爲園門，門以内爲石臺，臺上爲廳，臺上下又古銀杏二株，俱相傳爲唐以前物。臺前壘石，種牡丹，廳後石隙爲品外第一泉。廳左由曲廊而北，爲春雨堂。廳右行梅花、湖石間，南向爲夕陽雙寺樓，樓左即雲山閣，俱在蓮花埂上。其後臨河道，左爲青蓮社，迤北一帶俱酒家亭館。寺前左爲三義閣，閣左爲觀音堂，寺右爲郝公祠。

郝公祠

《縣志》：在法海寺側，明崇禎間敕建，祀房縣知縣郝景春并其子鳴鑾。按：景春《明史》有傳。[②]

雲山閣

《太平寰宇記》：吕申公公著守維揚時建。《寶祐志》：熙寧間，陳升之建雲山閣于城之西北隅，後吕公著賞宴其上。淳熙間，鄭興裔撤玉鈎亭，增大之，命名雲山觀，後廢。寶祐間，賈似道鎮淮之五年，復雲山觀於小金山。今按：小金山之雲山觀久圮，賀君召既重建閣於蓮性寺後，王統等又屢加修葺，七百餘年古迹頓還舊觀矣。

桃花塢

副使道、前嘉興通判黄爲荃别業。臨河架屋，屋右爲曲廊，緣荷

---

① 丙子：乾隆二十一年(1756)。
② 郝景春：字和滿，江都人。《明史》卷二九二有傳。

池而南，池中爲澄鮮閣。閣右由深竹徑西折，爲疏峰館。館左由山徑行桃花、修竹中，徑盡處爲蒸霞堂。堂後爲閣，閣左山上爲縱目亭，亭下隔墻水中爲中川亭。

長春嶺

在保障河中央，由蜀岡中峰出脉突起爲此山，主事程志銓加培護焉。山形數折，蜿蜒如蟠螭。山上下遍植松、柏、榆、柳與諸卉竹，紛紅駭緑，目不給賞。山麓面東爲亭，曰“梅嶺春深”，梅花最盛處也。山南建關神勇祠，居民水旱禱焉。祠前迤東，剖竹爲橋，曰“玉版橋”，以通南岸。

韓　園

同知黄爲蒲重修，建小山亭在近河高阜上，園内草屋數椽，竹木森翳，山林之趣頗勝。

長堤春柳

黄爲蒲别業。西接虹橋，爲跨虹閣。閣後北折，東向爲屋，連楹十有四。屋盡處，穿竹徑迤北，是爲長堤，沿堤高柳綿亘百餘步，爲濃陰草堂。堂左，由長廊至浮春檻，廊外遍植桃花，與緑陰相間。檻左兀起，爲曉烟亭，亭左爲曙光樓。樓左，由曲廊穿小屋，行叢篠中，曲折以至於韓園。

冶春詩社

州同王士銘園，今以屬知府田毓瑞。康熙間，新城王尚書士禛集諸名士賦冶春詞於此，遂傳爲故事，稱詩社焉。園在虹橋以西，臨橋而起者爲香影樓，樓後曲廊西折而南，爲小閣。閣後南向爲廳，廳前爲土山，山上爲雲構、歐譜二亭。閣右由長廊以南，東折，爲冶春樓，樓後爲北樓。樓前由曲廊折而北，爲秋思山房。房左逾石橋而東，爲水廳；房右長廊曲折，依土山而南，與“柳湖春泛”接，懷仙館在其麓。園多古樹，槐、榆、椐、柳、海桐、玉蘭皆百年前物，壘土築石，間以疏梅、修竹、牡丹、青桂之屬，籃輿、畫舫尤争集焉。

倚虹園

亦奉宸苑卿洪徵治築。乾隆二十七年，我皇上臨幸，賜今名，又賜“柳拖弱縷學垂手，梅展芳姿初試嚬”“明月松間照，清泉石上流”二聯。三十年，又賜“花木正佳二月景，人家疑近武陵溪”一聯，又賜“致佳樓”三字額。園之景二，曰“紅橋修禊”“柳湖春泛”，其地即元之崔伯亨園舊址。園門臨河南向，中爲妙遠堂，堂廣六楹間，重檐疊栱，窗户洞達，結構最爲雄麗。堂右爲餞春堂，堂前爲藥欄，欄北爲飲虹閣。堂左爲水榭，其西浪花無際，是爲柳湖。復由妙遠堂後左折，爲涵碧樓，樓後曲房窈窕，幾莫能測其門徑。樓右爲致佳樓，御書額供其上。直南爲桂花書屋，其右則面西水榭，接屋而起。屋後由曲廊北折，又西，爲水廳，廳後疊黄石爲山，山上種牡丹。其南曰“領芳軒”，軒後爲歌臺，臺右爲修禊樓，北臨河，與虹橋對。其下爲御碑亭，内供皇上御書石刻，其右則“柳湖春泛”也。湖即古之花山間保障河，[5]水由虹橋直南下注焉，湖心累石爲山，南北袤亘，“柳湖春泛”四字刻石上，山上建亭，種榆、柳、海桐，其東即倚虹園一帶水榭。湖西岸爲土山，綴以草亭者二。南岸爲度春橋，橋西水中爲半閣，閣西依岸爲橋，橋西北爲草閣，顔曰“輞川圖畫”。閣西緣土山北折而西，有草亭，在水中，曰流波華館。館西由平橋南折，爲湖心亭，東緣水廊數折，有草屋如舫，曰小江潭。屋後土山兀起，建亭其巔。再北，與西岸草亭接矣。

按：以上各景，并在保障河西岸，其次序自北而南。

九峰園

舊稱南園，世爲汪氏别業，中大夫玉樞與其子主事長馨益加闢治。乾隆二十七年，我皇上臨幸，賜今名，又賜“雨後蘭芽猶帶潤，風前梅朵始敷榮”“名園依緑水，野竹上青霄”二聯。三十年，又賜“縱目軒窗饒野趣，遣懷梅柳入詩情”一聯。園之景曰“硯池染翰”。園故多佳石，辛巳歲，[1]又得太湖石九於江南，大者逾丈，小亦及尋，如仰，如俯，如拱，如揖，如鼇背，如駝峰，如舞蛟，如蟠螭。最大者曰“玉玲瓏”，相傳以爲海岳庵中舊物。按，米芾石刻一帖云：“上皇山樵人以异石告，遂視，八十一穴，大如碗，小容指，制在淮山一品之上，百夫運致寶晋、桐杉之間。”今以所得之地考之，疑即此石也。其曰硯池者，隔岸文峰寺有塔，俗呼塔曰文筆，故此稱硯池，以配之云。園門臨古渡橋，入門轉西，爲小廊。廊左西向爲海桐書屋，屋前峭壁環列如削。廊右南向爲深柳讀書堂，堂内敬懸皇上御書“九峰園”三字額，堂前列石爲坡阤，雜植松、梅、石楠，左右棕櫚、桐、桂，堂後古槐四五株，堂西爲穀雨軒，春時牡丹最盛。右爲延月室，前爲玉玲瓏館，軒後爲曲室數楹，如蟻封蝸篆，與雨花庵通。庵門臨河南向，其中爲御書樓，宸翰“九峰園”三字刻石樓下。樓西爲堂，奉大士像，皇太后、皇上屢經臨幸，賜藏香以供。堂西由曲廊東轉，繞庵前，至玉玲瓏閣後，度小橋，至水亭。亭據硯池上，顔曰“臨池”，池水淪漣，廣逾數頃，隔岸一望平遠，籬落、村墟、人烟、竹樹歷歷在目。其東爲長堤，沿堤高柳夾峙。又東，至小廳，顔曰“一片南湖廳”，右爲烟渚吟廊。廳左數折，爲竹亭，亭四面琅玕千個，長廊帶其前，廊前古藤數本，外築土山，植諸卉木，頗具幽勝。又東，度曲廊南，臨水爲風漪閣。閣前水中有小渚，構亭，種竹樹其上，隔岸即文峰浮屠。閣東爲荷池，池東爲小亭，亭東爲别院，門廡、堂室、庖湢之所畢具。

按：以上一景，在城南硯池。

臨水紅霞、平岡艷雪

二景在迎恩河東岸，并州同周楠别業。南接長春橋，臨河岡阜，前

---

① 辛巳：乾隆二十六年（1761）。

後數疊，岡上有亭，曰螺亭。亭南渡橋，復登山，有亭，曰穆如亭，河之曲處也。折而東，爲精舍，曰桃花庵，其中爲佛堂。堂後北向，曰見悟堂，堂前有亭，臨水，曰紅霞亭，堂右爲飛霞樓。樓後曲廊數折，迤東，兩亭浮水，有小橋通焉。復緣堤以東，爲桐軒，軒右爲舫屋，其下爲板橋。度橋，緣山而東，爲枕流亭。亭右數武，穿曲廊而東，爲水廳，曰臨流映壑。自長春橋北至此，水邊、山際俱種桃花，春時紅雨繽紛，爛若錦綺，是爲"臨水紅霞"。其右由長橋北轉，度水閣，又北，即"平岡艷雪"也。緣岡高下種梅，紅白相間，河流至此北折，面河西向爲清韻軒。又北，爲艷雪亭。河復折而東，亭右小山數疊。又東，北向臨水爲水榭，其右山上面東曰"漁舟小屋"。又東，水中小渚爲方亭，亭後有橋，與後山通。又東，爲迎恩亭，亭右爲石橋。又東，爲迎恩橋，度橋，即王氏園亭也。

邗上農桑、杏花村舍

二景在迎恩河西岸，并奉宸苑卿王勖構，敬仿聖祖仁皇帝《耕織圖》式，用紀我皇上教養之恩與聖代嬉恬之景象焉。由迎恩橋北折而西，臨堤爲亭，亭右置水車數部，草亭覆之。依西一帶，因堤爲土山，種桃花，山後茅屋疏籬，人烟鷄犬，村居幽致，宛然在目，其西爲倉房。又西，仿西制爲風車，轉運不假人力。又西，爲饁餉橋，橋西當河曲處堤。折而南，面東爲歌臺，臺後爲報豐祠，以祀田祖。祠右數十步，面西爲草亭。亭左又折而西，面東爲浴蠶房。又西，爲竹亭。又西，爲方亭。亭右由小廊西折，爲分箔房，房左爲緑桑亭。自報豐祠右至此，皆沿堤種竹，朱欄護之，亭右即"杏花村舍"也。又西，爲大起樓，繞屋桑陰，扶疏可愛。樓右由長廊以西，爲染色房，房前爲練池。池左由小廊迤西，爲練絲房。由曲廊繞池數折，度小橋，又西，爲螺祖祠，祠南向。祠右由曲廊南折，東向爲經絲房，其南爲聽機樓，樓前水閣爲東織房，樓右爲紡絲房。右過板橋，出竹間，爲西織房，房右爲成衣房，房後爲獻功樓，樓南與長春橋接。

按：以上各景，并在迎恩河兩岸。

【校勘記】

［1］工：乾隆三十年本、光緒九年本、光緒二十一年本均作“工”，天保十四年本作“紅”。

［2］卷：乾隆三十年本、天保十四年本、光緒九年本、光緒二十一年本均作“拳”，據上下文文意改。

［3］眺：乾隆三十年本、光緒九年本、光緒二十一年本均作“跳”，天保十四年本作“眺”。

［4］仰：乾隆三十年本、光緒九年本、光緒二十一年本均作“溜”，天保十四年本作“仰”，據《名勝全圖·圖二·仰止樓》改。

［5］間：乾隆三十年本、光緒九年本、光緒二十一年本均作“間”，天保十四年本作“澗”。

平山堂圖志卷第三　藝文一

賦

宋

波光亭賦　陳造

汾王後身，金阜老仙，笑談功名，師友簡編。手神丹而活國，身長城而護邊。虎節所臨，犢佩已捐。輿仆振蠱，終古所傳。有亭屹立，城闉右偏。插深池之清泚，凌蒼靄而高騫。面勢之孤危，檐桀之纏連。在公之設張經畫，纔太倉之稊米，已度越乎後前。相旌纛之每臨，宛笙鶴之雲軿，賓從嫮姱，笑歌嬋娟。掃故俗之淫哇，奏新唱之清妍。泛淑景之香紅，春秋冬夏，信非我有，而我安與之周旋。佳月上兮闖冰奩，凝風動兮媚淪漣，撫物而得之。應世之心，池月之湛寂，緯武有文，風漪之自然。推此用之，躋世三五，軼勛四七，將俯拾而需旃，是猶衡氣機也耶。世識之規恢之後，吾得之拱默之先，彼不知者方以吾爲億中，而或者必予其知言。

按：宋波光亭在九曲池側，已詳《名勝》。

國　朝

平山堂賦　潘耒

伊兹堂之締構，洵宏敞而寡儔。超埃壒而特起，踞名都之上游。崇臺瑰其造天兮，華榱鬱乎雲浮；窮地勢於南條兮，見江山之相繆。苞牽牛而絡婺女兮，納埃風乎不周；怊惝恍於虛無兮，渺仙靈之所留。

爾其托體，則平岡坡陁，西走滁濠，支阜崛立，削成增高。其面勢則宅岡之陽，居乾之位，覿宇回環，林薄周被爾。乃斬懸岩以累砌，規廣阿以築堂。旁羅桂榾，仰承杏梁；飛宇周閣，鱗鱗將將，觚棱枍詣，若騰若翔；塗丹錯碧，反景流光。遠而望之，巃嵸參差，若神山之出海，見銀闕也；仰而窺之，硱磳巍峨，若射的之在空，植箭栝也。容兮如幄，崒兮如冠，霧翕雲舒，不可乎得原。若乃踐平皋，經長坂，步廣除，臨絶巘，瀏覽有無，獨察近遠。前瞻揚土之博大兮，原隰紛其錯重。綴麗譙於連星兮，壯千雉之金墉。天塹劃夫神皋兮，屬赴海之白虹。層山回顧乎秣陵兮，矗三茅之仙峰。左眺海陵，原田每每，熬波漉鹽，利盡東海；右瞰揚子，銅陵嶕嶢，即山鑄冶，吴濞以饒。後巨浸之湯湯兮，沐日月於中央。泄斗門於邗溝兮，轉舳艫於帝鄉。泛歷覽其無垠兮，蹇躊躇以相羊。至如朝光絢野，暝色騰麓，晴景澄鮮，微陰霡霂，變合一瞬，態窮萬族。長楊垂絲，大堤水平，芙蕖含華，的皪芬馨。怒濤瀺灂於曲江兮，風雪颯灑於蕪城。物無隱之能遁，狀無奇而不呈。耳目爲之滌蕩，天日爲之開明。斯誠臺觀之巨麗，海表莫之與京者也。於是邦伯郡牧來游來豫，弭節停騶，怡情遣慮，賓從詳雅，尊俎有序。究觀夫風土之清嘉，與民物之阜庶，山川之形便，謡俗之遷注。調燥濕於徽弦，齊六轡之柔馭。遥興遠思，超乎獨喻。其或大夫君子，善辭能文，比材曹劉，方藻卿雲。期春秋之佳日，聊整駕而索群，參萬象於靈府，吐元黄之繽紛。亦有都人士女，嬉春競往，税青驪，泊蘭槳，采蘼蕪，搴宿莽，睇關河，結遐想，極泛濫，沛自廣。至如遷人放客，經奇環材，鬱風雲乎未感，臨岐路而徘徊。塊獨遣此羈愁兮，憑高望遠，穆乎登臺，悵民生之多。故羡天地之無涯，歲月忽其如流，羌長吟而永懷原。夫揚之爲土也，襟背江淮，綰轂水陸，百貨所湊，土膏衍沃。故經營窮乎地軸，雕斫極夫天工。璇臺瓊館，穆若神居者，蓋不知其幾。而今皆影滅光沉，山移壑徙，際天驚沙，覆地白葦。惟斯堂也，創自隆宋，著於歐陽，遺澤在人，勿翦樹棠。五百年乃有賢牧，謂太守金鎮。爰希德而齊光，考圖索乎故址，新夏屋於崇岡。華不侈心，儉不陋目，高不絶陵，深不蔽谷。不勞民而就，不靡財而足。形勢盡東南之美，風聲表士庶之愛。續前薪於無窮，宜可久而可大。嗟宇宙之悠遐兮，惟令聞爲不刊。德業若大車之載兮，文采輪轂而使前。或鐫功於銅柱兮，或沉碑於深淵。金石敝而名存兮，孰膠結之使然。慨賢豪之廖廓兮，曠千載其猶比肩。承休風而結撰兮，尚有述於後賢。

平山堂賦　郭彭齡

廣陵舊郡，淮左名邦。星分斗牛之野，地聯吴楚之疆。山通脉乎岷蜀，水發源於巴江。岡阜回環，夙號烟霞之窟；波瀾縈帶，久稱雲水之鄉。名賢於此乎莅治，騷客於焉而徜徉。謝文靖之管弦絲竹，[1]梁昭明之翰墨縹緗，[2]徐刺史之吟風弄月，[3]何水部之嚼雪餐香。[4] 雖世與人而俱遠，實名與地而偕長。况乎文章宗匠，太守歐陽，毫揮萬字，飲縱千觴；公餘休暇，登眺平岡，三山并峙，卜厥中央；程材鳩木，經始辨方，攻成不日，特建斯堂。維堂之上，既望遠而憑高；維山之隈，亦蒔花而種柳。佳辰良夜，招上客以賦詩；妙舞清歌，司芳樽而助酒。聽溪流之湍瀉，左縈右回；望山色於晴空，似無若有。豈若鮑昭三過，徒吊古而傷心；還看蘇軾重來，正凭欄而搔首。於是牧唱漁歌，都來檻外；江聲花氣，并落窗間。明月二分，把清輝於萬里；疏鐘五夜，流吟韻於千山。聽人語之嘈嘈，江城夜市；對方洲之歷歷，遠樹晴川。物何時之不聚，山無景而不妍。惜追歡於遲暮，思行樂乎少年。乃若麗景融和，春光明媚，公子携紅袖而尋芳，美人步香塵而拾翠。登斯堂也，則鶯梭燕翦，譜簫管以傳聲；蝶翅蜂鬚，雜綺羅而成隊。又或黄

---

① 謝文靖：謝安，字安石。《晋書》卷七九有傳。

② 梁昭明：梁昭明太子蕭統，字德施，梁武帝長子。《南史》卷五三有傳。

③ 徐刺史：徐湛之，字孝源，東海郯人。本書卷第九《藝文七・記二》所收録尹會一撰《重修平山堂記》載："余嘗念維揚古稱名勝，然何遜東閣，昭明選樓，徐湛之之風亭月觀，訪其遺墟，荒凉滅没。"

④ 何水部：何遜，字仲言，東海郯人，曾擔任安西安成王參軍事，兼尚書水部郎，著有《何水部集》。《梁書》卷四九有傳。

梅雨過，緑樹陰濃，采藕花於湖畔，調冰水於盤中。登斯堂也，則酌彼清泉，如吸金人之露；坐來高閣，同御列子之風。若夫白露，零金風舞；燕去江南，鴻飛沙渚；蘆白汀洲，葭黄烟浦。於是時也，則見天高氣肅，虞人應候而搜田；馬壯鷹驕，貔士升堂而講武。迨夫溪水凝結，山骨蒼凉，松篁沉碧，草色全荒。於是時也，則見夫山衲扶笻，尋寒梅而覓句；漁蓑披雪，傍枯木以維航。羌四時之代謝兮，山川俯仰；緬千古之人豪兮，風流相賞。悼仙翁之不再兮，悵彼美之一往；登高堂而逡巡兮，倚危欄而慨慷。爰作歌曰：千年真賞處，風景浩無邊。細柳緑垂地，遥峰青接天。堂開萬里月，帘捲五湖烟。試問登臨者，何如永叔賢。乃載歌曰：攬勝尋常事，我思在古人。風流已昔日，花鳥爲誰春。幸際清時運，常經御輦巡。恩膏隨處遍，草木亦懷新。吁！嗟乎！雲山閣謝，剩有浮雲；明月樓空，惟餘皓月。千秋詞賦，艷冷蕪城；六代繁華，夢回槐郡。獨斯文之永久，幸風雅之未衰。宛伊人之相接，尋堂構而溯洄。瞻鬚眉兮仿佛，惟明德之可懷。乃終起而爲之辭曰：山不在高兮平無陂，堂不在廣兮足嘯歌。樽有酒兮旨且多，薄言酌之醉顔酡。我欲乘天風兮泛仙槎，凌五岳之上兮，涉滄海之波。

平樓賦　吴可馴

平山堂左，棲靈寺東，宅幽據爽，有樓横空。斯樓也，上切璇霄，下臨寶地，齊雲尚陋，散花未擬。比中天之百尺，大可憑欄；上佛國之初桄，如聞彈指。於是携麈尾，藉氍毹，茶竈挈，奕匳俱。松風入袂以蕭颯，竹烟縈几而紛敷。當吴楚川原之會，展江淮名勝之圖。乃有兔徑牛涔，平烟灌木，草蔓三城，波荒九曲。選樓之迹已陳，蕪城之賦誰續。若夫天容晶晶，平碧迢迢，千枰田小，一桁峰遥。塔書空以穎露，樓飲水以虹摇。香門磬遞，酒舫歌飄。蕪徑之塵遺屧印，枳籬之樹挂吟瓢。點烏犍於遠牧，下白鳥以歸樵。王粲則晚際而登，偏誇信美；庾亮則月明而望，自發長謡。此則樓中之勝概所爲，與士友相招要者也。

洛春堂牡丹賦 以題爲韻 陳章

名擅姚左，根分河洛。培客土以未疏，依靈區而有托。緑雲旖旎以交枝，紅艷鮮新而破萼。桃時杏日，耻妖態之争妍；火後雨前，散天香而自襮。脂融粉膩，妙手傳于子華；林下水邊，閑情寄于康樂。若夫曉風微扇，細雨如塵，亂堆錦被，低照華茵。擬薰香于荀令，儼被酒之太真。化工謝巧，一國都春。出水芙蕖，自低回而作婢；翻階芍藥，亦俯伏而稱臣。油幕遮陰，偶吹開而終護；金盤餉客，幾欲翦而還珍。山屐偕來，喜句留于詩老；田衣對坐，恐撩破于禪人。而乃閲高議于青瑣，撿雜俎于酉陽。縱近觀而遠睇，較北勝而南强。深紅擬乎蓮蕊，嫩緑比乎瓜瓤。天上金刀，翦綺羅之稠疊；月中玉斧，構樓閣之低昂。桐君《藥録》，未足悉其功效；醉翁《花譜》，疇能盡彼鋪張。至若朱户洞開，鈿車狂走。笙歌送酒以如泉，池館量金而論斗。雖一年好景，莫教辜負于此身；而十户中人，又輒吟哦而在口。隨情自適，不遠求於青越延丹；熨眼皆佳，又何暇于驪黄牝牡！然而年華暗换，韶景易闌。游蜂惜而作隊，粉蝶戀而成團。顧物情之尚爾，豈人意之無干！於是作雕盤之食，拾煎酥于欲墜；添寶鼎之火，燒餘片之將殘。岫遠巫娥，不信若仙而若夢；風回少女，重看如火而如丹。乃爲之歌曰：琉璃地上錦窠開，月裏仙人曳佩來。紅襆數苞朝露折，异香一種午風回。兕觥莫負當心凸，鼉鼓何煩百面催。未要仙春尋舊館，此堂應已勝蓬萊。

雲山閣賦 閔湀

江左風流，竹西佳麗，賢守吕公，惠莅斯地。惟時秋中，乃登雲山之閣。其閣基彼崇高，踞兹形勢，儉非土茅，奢不雕繢，連秋水于五塘，帶夕陽之雙寺。則有淮海俊人，翩然而適至。於是携手周眺，共倚曲欄，指繚白縈青而延佇，效小山叢樹以盤桓。白日既匿，清露正漙，太守開明月之樽以酌客，集鄒枚之侣而追歡，選諸僚衆，屬辭於觀。觀乃揎袖燭底，蘸墨一丸，文泉百斛，競涌毫端。其辭曰：登彼高閣兮凌虚空，挹彼群峰兮青芙蓉。閑雲巒岫兮陰濛濛，江上四時兮變景物而靡窮。山蜿蜒兮無定容，雲卷舒兮西復東。二十四橋人望兮，惟明月與清風。何處簫聲縹緲兮，疑在廣寒之宫。

平山堂圖志卷第四　藝文二

詩　一

唐

棲靈塔[①] 劉長卿

北塔凌空虛,雄觀壓川澤。亭亭楚雲外,千里看不隔。遥對黄金臺,浮輝亂相射。盤梯接元氣,半壁栖夜魄。稍登諸劫盡,若騁排霄翮。向是滄洲人,已爲青雲客。雨飛千拱霽,日在萬家夕。鳥處高却低,天涯遠如迫。江流入空翠,海嶠現微碧。向暮期下來,誰堪復行役。

秋日登揚州棲靈寺塔[②] 李白

寶塔凌蒼蒼,登攀覽四荒。頂高元氣合,標出海雲長。萬象分空界,三天接畫梁。水摇金刹影,日動火珠光。鳥拂瓊檐度,霞連綉栱張。目隨征路斷,心逐去帆揚。露洗梧楸白,霜催橘柚黄。玉毫如可見,於此照迷方。

登廣陵棲靈寺塔[③] 高適

淮南富登臨,兹塔信奇最。直上造雲族,憑虚納天籟。迥然碧海

---

① 劉長卿:字文房,河間人。唐開元末進士,曾任鄂岳觀察使、隨州刺史等職。《劉長卿詩編年箋注》記載:"此詩爲任職揚州時作,當在大曆三年(768)至五年間。"

② 《李白年譜》記載:"公元 747 年,唐天寶六載,春在揚州。"該詩當作于此年。

③ 《高適集校注》記載:"此詩作于唐肅宗至德二載(757)春,時任淮南節度使。"

西，獨立飛鳥外。始知高興盡，適與賞心會。連山黯吴門，人木吞楚塞。城池滿窗下，物象歸掌内。遠思駐江帆，暮情結春靄。軒車疑蠢動，造化資大塊。何必了無身，然後知所退。

登廣陵棲靈寺塔　蔣涣

三休尋磴道，九折步雲霓。瀍澗臨江北，郊原極海西。沙平瓜步出，樹遠緑楊低。南指晴天外，青峰是會稽。

登棲靈寺塔　陳潤

塔廟出招提，登臨碧海西。不知人意遠，漸覺鳥飛低。稍與雲霞近，如將日月齊。遷喬未得意，徒欲躡雲梯。

同樂天登棲靈寺塔①　劉禹錫

步步相携不覺難，九層雲外倚闌干。忽然笑語半天上，無數游人舉眼看。

與夢得同登棲靈寺塔②　白居易

半月騰騰在廣陵，何樓何塔不同登。共憐筋力猶堪任，[1]上到棲靈第九層。

宋

登平山堂寄永叔内翰③　劉敞

蕪城此地遠人寰，盡借江南萬疊山。江氣朝横飛鳥外，嵐光平墮酒杯間。主人寄賞來何暮，游子消憂醉不還。無限秋風桂枝老，淮王

① 《劉禹錫全集編年校注》卷六《詩・寶曆》載："詩寶歷二年(825)冬北歸途中在揚州作。"

② 該詩寫作時間同《同樂天登棲靈寺塔》。

③ 《宋史》卷三一九《歐陽修傳》《劉敞撰》記載，歐陽修于慶曆八年(1048)任揚州太守，任職期間，歐陽修重修平山堂。嘉祐元年(1056)，劉敞繼歐陽修后任揚州太守。此詩當爲劉敞任職揚州時所作。

仙去可能攀。

和劉原父平山堂見寄[1]　歐陽修

督府繁華久已闌，至今形勝可躋攀。山横大地蒼茫外，花發池臺草莽間。萬井笙歌遺俗在，一樽風月屬君閑。遥知爲我留真賞，恨不相隨暫解顔。

與夏侯繹張唐民游蜀岡大明寺[2]　梅堯臣

秋葉已多蠹，古原看更荒。廢城無馬入，破冢有狐藏。寒日稍清迥，群山分莽蒼。田衣指白水，此下是雷塘。

大明寺平山堂[3]　梅堯臣

陸羽烹茶處，爲堂備宴娱。岡形來自蜀，山色去連吴。毫髮開明鏡，陰晴改畫圖。翰林能憶否，此景大梁無。

和永叔答劉原甫游平山堂寄　梅堯臣

黄土坡陀岡頂寺，青烟幂歷浙西山。半荒樵牧舊城下，一月陰晴連嶼間。人指廢興都莫問，眼看今古總輪閑。劉郎寄咏公酬處，夜對金鑾步輦還。

平山堂留題　梅堯臣

蜀岡莽蒼臨大邦，雄雄太守駐旌幢。相基樹楹氣勢龐，千山飛影横過江。峰嶠俯仰如奔降，雷塘波小瀱鵁雙。陸羽井苔黏瓦缸，煎鐺

① 劉原父：《歐陽修全集》卷五七《和劉原甫平山堂見寄》作“劉原甫”。《歐陽修集編年箋注》卷五七《〈居士外集〉卷七・律詩》載：“嘉祐二年（1057）任翰林學士時作。”該詩當是歐陽修唱和劉敞《登平山堂寄永叔内翰》而作。

② 《梅堯臣集編年校注》卷一八記載該詩寫作時間爲“慶曆八年（1048）”。

③ 《梅堯臣集編年校注》卷二六記載《大明寺平山堂》《和永叔答劉原甫游平山堂寄》《平山堂留題》三首詩寫作時間爲“至和三年，一稱嘉祐元年（1056）”。

瀉鼎聲淙淙。雨牙鳥爪不易得，碾雪恨無居士龐。已見宣城謝公陋，吟看遠岫通高窗。

平山堂　王安石

城北横岡走翠虬，一堂高視兩三州。淮岑日對朱甍曲，江岫雲齊碧瓦浮。墟落耕桑公愷悌，杯觴談笑客風流。不知峴首登臨處，壯觀當時有此不。

平山堂寄歐陽公二首[2]　王令

豁豁虚堂巧架成，地平相與遠山平。横岩積翠檐邊出，度壠浮蒼瓦上生。春入壺觴分蜀井，風回談笑落蕪城。謝公已去人懷想，向此還留召伯名。

轉眼繁華不可尋，[3]孤城西北路嶔崟。檐邊月過峰巒頂，柱下雲回草樹陰。賓客日隨千騎樂，管弦風入萬家深。知公白玉堂中夢，未負當時壯觀心。

平山堂次王居卿祠部韻①　蘇軾

高會日陪山簡醉，狂言屢發次公醒。酒如人面天然白，山向吾曹分外青。江上飛雲來比固，檻前修竹憶南屏。六朝興廢餘邱壟，空使奸雄笑寧馨。

次韻蘇伯固游蜀岡送李孝博奉使嶺表②　蘇軾

新苗未没鶴，老葉方翳蟬。緑渠浸麻水，白板燒松烟。笑窺有紅頰，醉卧皆華顛。家家機杼鳴，樹樹桑棗懸。野無佩犢子，府有騎鶴

① 王居卿：字壽明，登州蓬萊人。以進士至知齊州，提舉夔路京東刑獄卒、鹽鐵判官。《宋史》卷三三一有傳。

② 蘇伯固：名堅，曾任臨濮縣主簿。蘇軾任職杭州時，和蘇伯固有密切往來。李孝博：字叔昇，一作叔師。宋神宗熙寧十年(1077)，提舉永興軍、秦鳳路折納等職，歷任提點廣東刑獄、大理寺少卿等職，與蘇軾往來密切。

仙。觀風嶺嶠使，出相山東賢。渡江吊很石，過嶺酌貪泉。與君步徙倚，望彼修連娟。願及南枝謝，早隨北雁翩。歸來春酒湅，共看山櫻然。

谷林堂[4]　蘇軾

深谷下窈窕，高林合扶疏。美哉新堂成，及此秋風初。我來適過雨，物至如娱予。稚竹正可人，霜節已專車。老槐苦無賴，風花欲填渠。山鴉争呼號，溪蟬獨清虚。寄懷勞生外，得句幽夢餘。古今正自同，歲月何必書。

平山堂[5]　蘇轍

堂上平看江上山，晴光十里對憑欄。海門僅可一二數，雲夢猶吞八九寬。檐外小堂陰蔽芾，壁間遺墨涕汍瀾。人亡坐覺風流盡，遺構仍須仔細觀。

雲山閣致語　并引　秦觀

伏以四難并得，既爲樽俎之佳期；五福具膺，實號搢紳之盛事。矧中秋之届候，宜公宴之交歡。恭惟判府大資，身遇聖神，家傳將相，時應半千之運，論歸尺五之天。姓名久在於金甌，方面暫分於玉節。浮階飛閣，引南國之佳人；豪竹哀絲，奏西園之清夜。

雲山檐楯接低空，公宴初開氣鬱葱。照海旌幢秋色裏，徹天簫鼓月明中。香槽旋滴珠千顆，歌扇驚圍玉一叢。二十四橋人望處，臺星正在廣寒宫。

次子由平山堂韻①[6]　秦觀

棟宇高開古寺間，盡收佳處入雕欄。山浮海上青螺遠，天轉江南

① 子由：蘇轍，字子由。

碧玉寬。雨檻幽花滋淺泪，風卮清酒漲微瀾。游人若論登臨美，須作淮東第一觀。

觀劉侍讀姚秘丞孫處士平山堂寄歐陽公唱和詩作絶句[1]　晁説之

醉翁認得揚州路，堂上平山列酒樽。後日公榮來酩酊，賦詩可但屬姚孫。

席上有唱歐公送劉原甫詞者次日又有唱東坡三過平山堂詞者今聯續唱之感懷作絶句[2]　晁説之

龍門不見鬢絲垂，莫唱平山《楊柳詞》。縱使前聲君忍聽，後聲惱殺木腸兒。

揚州絶句　晁説之

客散平山堂上後，孰知子駿在揚州。解傳鮑照舊詞賦，輸盡蕪城千古愁。原注：鮮于子駿守此州，刊《鮑參軍集》。

平山堂　晁補之

蜀岡勢與蜀山通，龍虎盤拿上紫空。小語還憂驚太乙，高堂原自在天中。少師楊柳無遺迹，承旨歌謡有舊風。斜日蕪城自興感，忘懷猶喜故人同。

谷林堂　孫覿

楚山多异材，翠竹滿岩谷。蕭蕭斤斧餘，斬伐同一束。蕪城帶流水，萬畝淇園緑。遺苞駁雲錦，老節抱金玉。歲時虎穴鄰，舐掌方擇肉。此君亡恙否，應坐白眼俗。

---

① 劉侍讀：即劉敞。

② 歐公送劉原甫詞：即歐陽修《和劉原父平山堂見寄》。東坡三過平山堂詞：即蘇軾《西江月・平山堂》，該詞作于元豐二年(1079)。

平山堂　黄裳

一隅不見古揚州，惟有平山尚自留。且看江南山色好，莫緣花月起閑愁。

登平山堂　李昭玘

斷檻攲檐風雨頻，不逢心賞爲重新。依稀疊嶂宛如畫，憔悴垂楊今復春。一闋清詞長在耳，後來佳客復何人。悠然未盡雲烟思，不見揚州十里塵。

同狼山印老早飯建隆遂登平山堂[1]　吕本中

塵埃障西風，草木被朝日。籃輿郭外門，未厭來往疾。僮奴懶不進，頗復費呵叱。道人先我行，宴坐已一室。殷勤勸客住，午飯當促膝。爐烟窗紙明，鳥語樹葉密。却上平山堂，晚景更蕭瑟。澄江渺天際，妙句不容乞。平生泉石念，固自有遺失。何能從兒曹，十事九不實。兹游豈不快。此老固坦率。尚從文殊師，一往問摩詰。

次韻趙帥登平山堂二首　李綱

東皇未憖養花功，遠近嬌紅亂老紅。勝賞已容陪雋軌，憑虚仍喜受雄風。小斞蜀井寒冰齒，旋俯波光碧蘸空。更看詩翁落椽筆，彈丸句法許誰同。

修月於今第一功，後車九萬蜀箋紅。詩供寒食鶯花課，袖拂平山楊柳風。匝坐蕙蘭歌似翦，生香笑語酒如空。胡床不減南樓興，今古風流正自同。

---

① 印老：僧人。《東萊詩詞集》卷六收録有《呈甘露印老》一首，印老應當是甘露寺僧人。據《吕本中年譜》記載："政和四年甲午（1114），居仁三十一歲……本年前後，居仁在揚州所作詩頗多，已無具體時間可考，姑附記如下……《同狼山印老早飯建隆遂登平山堂》……"由此可知，此詩當作于政和四年（1114）前後。

同似表叔易置酒平山堂　李綱

暫停征棹此從容，嘆息前賢結構雄。心眼乍隨天宇闊，笑談不覺酒樽空。江光隱見軒楹裏，山色虚無烟雨中。種柳仙翁何處去，年年疏翠自春風。

平山堂　陳造

平山堂上命琴樽，前輩風流肯見分。戀客嫩斜當檻日，藏山不斷隔江雲。吟箋得意窺天巧，醉面禁凉减纈紋。杖策歸來新月上，落梅如雪點風裙。

平山堂①　方岳

不奈花時兩手閑，共携詩硯對孱顔。江南江北音書外，春去春來楊柳間。騎鶴重尋烟雨句，征鴻欲没夕陽山。百年風物一杯酒，嘆息人間兩觸蠻。

官滿將歸與同幕别平山堂②　方岳

鷗未寒盟尚可尋，歸歟雅不負登臨。江南山作故人面，塞北雁知游子心。淮海三年雙鬢短，乾坤萬里一杯深。秋風正愜蒓羹腹，松氣猶存月滿林。

平山堂吊古　張藴

隔江山色畫圖中，故址荒來與廟通。畫地雄吞淮海水，占星高植斗牛宫。試評蜀味甘泉變，欲唱歐詞古柳空。往事茫茫增感慨，聊憑

---

① 《平山堂》：方岳《秋崖詩詞校注》卷十五收録有《次韻行甫小集平山五首》，此爲第一首。朱涣，字行甫，嘉定十六年(1223)進士，官至大理丞，衡州守。此詩爲方岳與朱涣唱和之作。

② 《秋崖詩詞校注》卷一八收録有《官滿將歸與同幕别平山堂二首》，此爲其中一首。另，據《秋崖詩詞校注》卷一八載："方岳于端平二年(1235)入趙葵幕任干官，嘉熙二年(1238)官滿，因有是作。"該詩當作于嘉熙二年(1238)。

戍卒指西東。

平山堂觀雨　釋道潛①

午枕藜床夢忽驚，柳邊雷送雨如傾。蜀岡西望蕪城路，銀竹森林十里橫。

元

登平山堂故址　李孝光

蜀山有堂已改作，騎馬出門西北行。日落牛羊散平楚，風高鴻雁過三城。山河舊説金湯固，汗竹還遺帶礪盟。駱駝坡頭孔融墓，令人憶爾泪縱横。

平山堂次黄先生韻　趙汸

虛堂眄平岡，積翠凌天半。彷佛識瑶臺，熹微窺玉案。頗疑巨靈力，剗削非一旦。森森古樹齊，奕奕朝霞爛。地近巘易陟，池青蓮不蔓。鶯啼午夢殘，客至琴聲斷。勝境契冲襟，雅懷知弗畔。倏然忘物我，詎肯存崖岸。馬迹遍幽燕，華顛樂村閈。居閑非矯曲，掉猛得前算。巇嶮世所趨，樸淳日雕散。跬步祝安危，片言幾理亂。苟得領斯會，未覺身爲患。嘉謀諒貽厥，豈曰誇殊觀。

平山堂　陳孚

堂上醉翁仙去，蘆花雪滿汀洲。二十四橋烟水，爲誰流下揚州。

平山堂　舒頔

平山山上構高堂，堂下青蕪接大荒。堂廢山空人不見，冷雲秋草卧横岡。

---

① 釋道潛：宋詩僧，錢塘人，號參寥子。著有《參寥子集》。

明

揚州　王褘

春滿揚州廿四橋，何人騎鶴聽吹簫。荷花芍藥猶閑事，且訪平山舊柳條。

宴蜀岡閣　劉節

挾風盤日上崇岡，高閣臨虚思渺茫。雲擁旌旗翻睥睨，鳥飛湖樹雜帆檣。十千禾黍登秋早，無數山峰接海長。四美於人堪發興，故應萸菊近重陽。

三先生祠詩　崔桐

同秉文旌重昔賢，陰陰祠廟翠微懸。山河氣壯三靈合，洙泗流長一脉傳。蘇館杏桃湖院種，竹庭風物樂庵連。我來愧乏蘋蘩薦，聊酌山中第五泉。

平山堂　文徵明

平山堂上草芊綿，學士風流五百年。往事難追嘉祐迹，閑情聊試大明泉。隔江秀色千峰雨，落日平林萬井烟。最是登臨易生感，歸心遥落片帆前。

觀音寺　徐九皋

聯鑣躋鷲嶺，瀟灑出塵氛。石磴霾青靄，龍宫隱白雲。江流天外合，山勢望中分。無限風雲意，蓬萊未遣聞。

揚州李白二運長邀同登觀音閣　王問

一憑高閣坐，烟景古揚州。江水帆檣會，春郊草木柔。[7]酒清人易醉，風急棹難留。爲謝名賢去，相思淮海樓。

白户部招游平山堂　文翔鳳

并將籃笋上烟巒，客與江山却互看。向日何人陪六一，也如吾輩藉青玕。

春日同社中諸君陪孫將軍飲平山堂　陸弼

太守風流邈，遺踪得暫攀。悠然飛鳥外，時見隔江山。接衽清言洽，鳴鐘白日閑。江淮初罷戍，歸不畏嚴關。

平山堂歌　程嘉燧

淮南九月天雨霜，邀我共醉平山堂。蜀岡逶迤雲日黄，雷塘淼渺葭菼蒼。我懷眉山與歐陽，古壁頹塌龍蛇藏。恨無穹碑鐫琳琅，江南群山屏風張。烟樹歷歷城茫茫，吾宗心遠踪隨俗。栖遲市廛種花木，山中舊書幾千軸。堆案牙籌仰看屋，顧我一笑心已足。便呼酒船出林麓，堆盤菱芡手自剥。對持雙螯擘紅玉，惜無佳人勸醽醁。戲催清謳發伶僕，酒闌欲窮千里目。俯仰共閲人代速，我來送客復爲客。人生衮衮無南北，三年不得見顔色。咫尺僅一通消息，男兒頭顱已半百。不見坡翁有言，寒食重九莫虚擲。

登平山堂有感同黄幼石賦　姚思孝

暫去塵氛問野關，一尊潦倒醉名山。蜀岡望處黄雲徹，楚樹分來畫戟班。短笛亂吹蝴蝶醒，游人輸却鷺鷥閑。君家脱履尋常事，何日勛名敝屣間。

平山堂雪望二首　陳組綬

爲愛晴暾好，來尋第五泉。南林才吐色，階草欲生烟。僧意閑於菊，松聲遠入弦。未須愁日暮，落照正蒼然。

雪望偏宜閣，清寒四野平。檐疏辭宿鳥，冰老壓垂桱。是地皆瑶圍，從人問寶城。銜杯無限意，俯仰看題楹。

同諸子泛舟平山堂酌第五泉　萬時華

共泛輕舟緑樹灣，遥從北郭問平山。烟雲似挾川原動，魚鳥俱親水石間。細品名泉供草坐，偶尋遺碣識苔斑。醉翁行處殘陽古，多少游人日往還。

平山堂看荷花　王元度

雲水無消歇，平堤尚芰荷。棹歌隨意注，鳥語不能多。山遠迷秦望，天低近汨羅。老僧如舊燕，補屋又來過。

登平山堂觀江南諸山值雨復晴　張奇

高岡棟宇鬱崔嵬，縱眺江南亦壯哉。嵐氣陰森天結雨，松風飄颯壑鳴雷。霏霏全濕千林葉，灑灑初沾半壁苔。倏忽雲開明返照，青山依舊望中來。

【校勘記】

［1］任：乾隆三十年本、光緒九年本、光緒二十一年本均作“任”，天保十四年本作“在”。

［2］《平山堂寄歐陽公二首》：《王令集》卷十一、《王令集・拾遺》分作《平山堂寄歐陽公》《平山堂》。

［3］轉眼：《王令集》卷十一《平山堂寄歐陽公》作“廢苑”。

［4］《谷林堂》：《蘇軾文集編年箋注附録一・蘇軾詩集卷二十》作《谷林堂詩》。

［5］《平山堂》：《欒城集》卷之九作《揚州五詠・平山堂》。

［6］《次子由平山堂韻》：《秦觀集編年校注》卷五作《次韻子由題平山堂》。該詩當是秦觀與蘇轍唱和之作，時間在元豐三年（1080）至五年（1082）。

［7］柔：乾隆三十年本、光緒九年本、光緒二十一年本均作“柔”，天保十四年本作“深”。

平山堂圖志卷第五　藝文三

詩　二

國　朝

平山堂　王士禄

平山樓閣説淮南，想像風流向夕嵐。衹有司徒遺廟在，石幢松火照深龕。

平山堂作二首　王士禛

廣陵城北早春時，寂寂東風柳未垂。不見歐公游賞地，荒亭片石使人悲。

偶來折柳向平山，幾樹柔條未忍攀。一種輕黄江水上，依依曾照昔人顔。

冶春絶句①　王士禛

同林茂之前輩、②杜于皇、③孫豹人、④張祖望、⑤程穆倩、⑥孫無

---

① 據《王士禛全集・漁洋山人自撰年譜》記載："康熙三年(1664)甲辰，三十一歲。在揚州。春與林古度茂之、杜濬于皇、張綱孫祖望、孫枝蔚豹人諸名士修禊紅橋，有冶春詩，諸君皆和。"則此詩當寫于康熙三年(1664)。

② 林茂之：林古度，字茂之，號那子，清福建福清人。工詩，著有《茂之詩選》二卷。《清史列傳》卷七〇有傳。

③ 杜于皇：杜濬，字于皇，號茶村，湖廣黄岡人。明副貢生，著有《變雅堂集》。《清史稿》卷五〇一、《清史列傳》卷七〇有傳。

④ 孫豹人：孫枝蔚，字豹人，陝西三原人。康熙十八年(1679)，召試博學鴻儒，以年老不能應試，特旨授内閣中書。《清史稿》卷四八四、《清史列傳》卷七一有傳。

⑤ 張祖望：字啓人，號葭村，浙江秀水人。

⑥ 程穆倩：程邃，字穆倩，號垢區，別號垢道人、垢區道人等，安徽歙縣人。

言、①許力臣、②師六修稧紅橋。酒間，賦《冶春詩》。

今年東風太狡獪，弄晴作雨遣春來。江梅一夜落紅雪，便有夭桃無數開。

紅橋飛跨水當中，一字闌干九曲紅。日午畫船橋下過，衣香人影太匆匆。

東家蝴蝶作團飛，西家流鶯聲不稀。白紵新裁如雪色，潛來花下試春衣。

髯翁三過平山下，白髮門生感故知。欲覓醉翁呼不起，碧虛樓閣草離離。

東風花事到江城，早有人家喚賣餳。他日相思忘不得，平山堂下五清明。

坐上同矜作達名，留犁風動酒鱗生。江南無限青山好，便與諸君荷鍤行。

海棠一樹澹胭脂，開時不讓錦城姿。花前痛飲情難盡，歸卧屏山看折枝。

故國風流在眼前，鵲山寒食泰和年。元遺山濟南詩句。邗溝未似明湖好，名士軒頭碧漲天。時祖望談吾郡山水之勝。名士軒在明湖，曾子固守郡時所作。

春杪登平山堂眺江南山③　王士禛

時魚出水浪花圓，北固樓前四月天。却憶戴顒山户裏，櫻桃風急

---

① 孫無言：孫默，字無言，休寧人，明末清初曾客居揚州。施閏章撰《施愚山集·文集》卷九有《孫無言六十序》。

② 許力臣：許承宣，字力臣，號筠庵，江都人。康熙十五年(1676)進士，改庶吉士，後遷工科給事中。著有《青岑文集》《金台集》《西北水利議》等。

③ 據《王士禛全集·(一)詩文集之二·漁洋詩集》卷一五記載，該詩創作時間爲"甲辰稿一"，則該詩作于康熙三年甲辰(1664)。

打琴弦。

宗定九畫紅橋小景于便面見寄賦懷二首① 王士禛

辛夷花照明寒食，一醉紅橋便六年。② 好景匆匆逐流水，江風幾度沈郎錢。[1]

紅橋秋柳最多情，露葉烟條遠恨生。好在東原舊居士，雨窗著意寫蕪城。

吴江顧樵水寫予平山舊詩摘星樓閣浮雲裏一傍危闌望楚江之句爲圖相寄雨中偶成一詩奉答兼寄茂倫定九③ 王士禛

哦詩三十年，往往在人口。旗亭與樂府，流傳亦時有。江淮好事多，圖畫煩好手。詎敢擬右丞，家風映先後。廿載走京塵，頗已忘敝帚。君復爲此圖，毋乃太駢拇。平山高矗矗，楚江清瀏瀏。雁齒紅闌橋，鵝黄水楊柳。風景故依然，問是淮南否。俯仰慨今昔，少壯成皓首。他時鱸鄉亭，相過索杯酒。息壤猶在彼，寄語雪灘叟。

汪舟次雨集泛紅橋同劉公㦷唐耕塢孫豹人程穆倩孫無言④ 施閏章

出城通野艇，鼓枻過名園。只爲論文友，重開對雨尊。亭臺緣浦溆，雲樹接江村。遥望平山路，風流二老存。

---

① 宗定九：宗元鼎，字定九，清江南揚州人。著有《芙蓉齋集》。

② 六年：《漁洋精華禄集注（上）》卷四《丁未》記載："（惠注）先生于順治庚子（1660）春司理揚州，至乙巳（1665）夏秩滿内遷，故云六年。"由此可知，此詩作于康熙六年（1667）丁未。

③ 顧樵水：顧樵，字樵水，清江南吴江人。工畫，亦有詩名。茂倫：顧有孝，字茂倫，清江南吴江人。

④ 汪舟次：汪楫，字舟次，江都人，原籍休寧。以博學鴻詞授檢討，入史館。康熙二十一年（1682），充册封琉球正使，曾任河南知府，著有《悔齋集》《觀海集》。《清史稿》卷四八四有傳。劉公㦷：劉體仁，字公㦷，河南潁川衛人。順治十二年（1655）進士，官吏部考功郎。著有《蒲庵集》。《清史稿》卷四八四有傳。唐耕塢：唐允甲，字祖命，號耕塢，江南宣城人。官中書舍人。著有《耕塢山人集》。

雨集平山送查編修嗣瑮蔡舍人玺方上舍世舉唐明府紹祖入都二十韻[①]　朱彝尊

金飆斂行潦，絳葉鳴凛秋。曉雨原上來，枯桑落荒溝。筠車北岡路，徑盡知所投。平山表遺迹，經始歐九修。手移新堂柳，綆汲冽井流。至今闌檻曲，詩版存王劉。吾來堂未建，再至乃登樓。未知百年内，紺塔能復不。一蕭暘。二卞子，恒、久、澍。載酒羅庶羞。征鴻適來賓，鳴鹿迭相求。翩翩群雅才，簦笠偕燕游。江光涌平楚，草色連遥洲。淮南十一郡，千里極望收。同人齊所願，于野獲良謀。查蔡金閨彦，方唐才士尤。將從畿南驛，直抵山後州。豈曰無衣裳，客子在道周。感彼蟋蟀唱，役車何時休。燕南趙北際，慎勿久滯留。且復飲沉頓，率意成狂謳。

紅橋　朱彝尊

春蕪小雨滿城隈，茆屋疏帘兩岸開。行到紅橋轉深曲，緑楊如薺酒船來。

丙午小春同曹子顧宋荔裳王西樵諸先生宴集紅橋園亭分得青暉二字[②]　陳維崧

載酒紅橋北，群公屐早停。小春風景好，高雁度秋亭。薄醉憑闌

---

① 查編修嗣瑮：查嗣瑮，字德尹，浙江海寧人。康熙三十九年(1700)進士，官翰林院侍講。著有《查浦詩鈔》。方上舍世舉：方世舉，字撫南，號息翁，安徽桐城人。乾隆元年(1736)舉博學鴻詞，不就。曾從朱彝尊游。著有《春及堂集》。唐明府紹祖：唐紹祖，字改堂，號次衣，一作“賜衣”，江都人。康熙四十八年(1709)進士。著有《改堂文鈔》。

② 丙午：康熙五年(1666)。《清史稿》卷四八四《陳維崧傳》記載：“陳維崧，字其年，宜興人……嘗由汴入都，與朱彝尊合刻一稿，名《朱陳村詞》，流傳至禁中，蒙賜問，時以爲榮。逾五十，始舉鴻博，授檢討，修明史。在館四年，病卒。”《清史稿》卷四八四《朱彝尊傳》記載：“朱彝尊，字錫鬯，秀水人……康熙十八年，試鴻博，除檢討……二十年，充日講起居注官……三十一年，假歸。聖祖南巡，迎駕無錫。御書‘研經博物’賜之……卒，年八十一。”《清史稿》卷四八四《吴綺傳》記載：“順康間，以駢文稱者，又有吴綺，字薗次，江都人。”由此可知，陳維崧生活在順治、康熙間，則順治、康熙間“丙午”年即康熙五年(1666)。曹子顧：曹爾堪，字子顧，號顧庵，浙江嘉善人。順治年間進士，官侍講學士。著有《南溪文略》《南溪詞略》。宋荔裳：宋琬，字玉叔，號荔裳。山東萊陽人。順治四年(1647)進士。曾任户部主事，浙江按察使、四川按察使等職。著有《安雅堂全集》。王西樵：即王士禄。

望，狂歌抱膝聽。那須愁日落，月挂柳枝青。多病心情減，深居與世違。今宵偕勝侶，清夜叩山扉。野色明霜樹，疏林照夕暉。來朝仍有約，翻恐峭帆歸。

招林茂之先生劉公㦷比部小飲紅橋野園[①]　陳維崧

遲日和風泛緑蘋，落花飛絮罥紅巾。此間帘影空于水，何處琴聲細若塵。水上管弦三月飲，坐中裙屐六朝人。獨懷紅板橋頭路，白髮淮南又暮春。

平山堂　陸可求

土阜環疏柳，來探春色閑。静聞孤寺磬，遥見隔江山。碧塢桃千樹，清溪水一灣。堂高極目望，瀟灑出人間。

揚州懷古雜詩　汪琬

畫檻雕欄异昔時，平山遺址半參差。如何行客春風裏，猶唱文章太守詞。

雨中過平山堂飲　秦松齡

廣陵城外氣蕭森，有客冲泥入遠林。風獵夜荷山閣動，雨寒新竹草堂深。放歌天地多濃緑，中酒江湖易薄陰。元恙雷塘東下水，盈盈猶照故人心。

紅橋　秦松齡

王郎佐郡絶風華，百首詩成未放衙。今日使君遺愛在，紅橋齊唱《浣溪沙》。

---

① 林茂之：即林古度。劉公㦷：即劉體仁。

九日同人宴集限登平山堂四韻兼寄金長真太守[1]　丁澎

爽閣秋烟裏，虚闌任客凭。扁舟何意住，逸興幾人乘。野菊今朝醉，山翁舊日登。臨風把卮酒，松下酹盧陵。山樓長眺望，極目見蕪城。沙闊江鴻遠，天空楚樹平。十千豐酒價，六一盛詩名。重起烟霞色，偏憐客宦情。堂北秋將暮，丹楓照客顔。比鄰殘葉寺，遠樹夕陽山。無恙川原在，難逢歲序閑。風流時代盡，憑吊欲追攀。兄弟登高宴，天涯共此堂。樹栽今太守，日落古重陽。白袷歙看鬢，茱萸醉滿囊。竹西歸近路，野色暮蒼蒼。

平山堂　陳廷敬

我浮大江來，回望江上山。山遠翠猶送，江去潮復還。江山遞明滅，暝宿茱萸灣。訪古平山堂，水竹清心顔。遂登堂上樓，江流山色閑。是時夏景殊，雲峰争烟鬟。歐公千載後，何人共躋攀。風流寄欣賞，寬簡蘇煢鰥。豈惟雄文字，實將激懦頑。門前清渠水，至今餘潺湲。留題渺何處，似有墨痕斑。

平山堂二首　宋犖

路出紅橋畔，秋原問蜀岡。穿林尋曲徑，拾級到高堂。遠岫平襟帶，長江得渺茫。呼童掃黄葉，好煮石泉嘗。

昔賢良宴會，兹事已千秋。勝地幾興廢，閑雲此去留。樓開歌舞外，塔入海天浮。何處鳴笳發，蕭騷起暮愁。

紅橋　命名自阮亭　宋犖

最是揚州勝，紅橋帶綠楊。著名同廿四，佳話自漁洋。去住笙歌接，空濛烟水長。幾回憑吊處，詩思寄斜陽。

---

① 金長真：即金鎮。

平山堂社集　吴綺

偶爾成三過，於今復此間。歡場輕白首，才子重青山。古樹知興廢，寒雲見往還。誰言一杯酒，千古幾人間。

平山堂雜感和蘇江陵韻二首　吴綺

千載關情地，頻來繞砌行。過江山翠近，倚檻暮雲輕。游女矜妝束，山僧少送迎。莫愁浮棹遠，春水正渟泓。

此地山光好，春來二月時。微風響鈴鐸，殘日在罘罳。慷慨仍懷古，蒼茫獨咏詩。所思曾不見，天末碧霞披。

蔣前民招集紅橋[①]　袁于令

郭外藕花秋，輕風蕩小舟。自來千古地，能得幾人游。有客如孤鶴，容予比信鷗。平山觴咏處，不負舊揚州。

秋日郡中諸友招飲平山堂舊址因議修復分得寒字賦成二十韻[②]　金鎮

白露戒素節，凉風動輕紈。感此君子心，携手共盤桓。弭節泊柱渚，列筵面層巒。芙蕖發朱花，離披香未殘。葭菼依岸生，簌簌驚秋寒。杖策入烟徑，堆阜列巑岏。日落禪智塔，草深蜀井幹。上方益聳秀，朱堂吐納寬。平鋪出峽水，仰視隔江山。淮岑萬疊來，青影落杯盤。頗憶小蘇句，千里對平欄。其時拭遺墨，流涕增汍瀾。奈何彈指頃，轉爲緇素蟠。而我承餘芬，輟食空三嘆。甘棠藹遺蔭，剥復理必還。

---

① 蔣前民：名易，字子久。明末清初人，明亡後，易字曰“前民”，生卒年不詳。

② 據本書卷九金鎮《重建平山堂記》一文記載：“余莅揚，值軍興伊始，征調旁午數月，始得整理廢墜，稍稍就緒。偕郡之賢士大夫，觴咏蜀岡之上，感平山堂之毁爲僧寺，與汪舍人蛟門暨同游諸君將謀復之也。”又據《汪懋麟年譜》記載：“（清聖祖康熙十三年甲寅）秋，同諸子邀金鎮游平山堂，議修復事……秋七月，平山堂度景……九月，平山堂經始，十一月告成。填詞志感。”由此可知，此詩當作于康熙十三年（1674）秋。

兹事如有待，斯游豈無端。極目眄江海，氛祲氣漫漫。吾土雖云樂，輸將恐已殫。夕陽帶歸舟，荷鋤夾道觀。所期閭里晏，日夕相追歡。

初冬泛舟游棲靈寺訪平山堂舊址二首　鄧漢儀

小春風景勝，何故減登臨。暖日偕君子，扁舟問遠林。溪亭黄葉盛，山寺白雲深。好坐岡頭石，烹泉細細吟。

聞有歐陽迹，風流天下傳。少時猶過此，垂老竟茫然。堂址開金像，碑銘拆冷泉。何人輕改作，無乃負前賢。

金長真太守興復平山堂落成宴集紀事[①]　許虬

天地餘清晏，江山慰寂寥。仕優襄盛典，農隙應公徭。六一儀型舊，尋常俎豆遥。雖無金鑄像，還見石題標。朋黨曾經錮，居民勿敢樵。俄焉嗟剥落，竟爾任飄摇。後學謀興宇，賢侯正接鑣。采荷周曠野，躡棘上岧嶤。蠲俸營丹雘，鳩工壯碧霄。簪裾倫廣被，風雅道相招。再集歡彌展，初成景輒饒。層楹齊露樹，蔽甸暖烟苗。月照三千屦，花通廿四橋。艖帆風杳杳，漁網雨瀟瀟。榜外高低堞，窗中曉夜潮。星辰垂静院，禮樂示僧寮。逗磬松溪午，沉鐘竹幌宵。規模遷後大，感慨坐來銷。文擬昭明選，帷堪董子邀。彈冠扶運會，振袖謝塵囂。渡口能驅虎，林端幸絶鴞。安瀾邦祀禹，擊壤世賡堯。式版祈寒暑，存神泯祲妖。輶軒倚過騎，鄉物講迎猫。正誼當途責，平生吾黨要。曾蘇身擬配，今古首同翹。對越羹墻切，觀瞻位置超。軍容閑内境，觴政布新條。好士名逾重，昌期俗返澆。魯侯多色笑，曼倩亦芻蕘。有客工堅白，誰家病渴消。和歌因晝諾，永夕復今朝。霜久楓猶

① 據本書卷九金鎮《重建平山堂記》一文，金鎮于康熙十二年癸丑（1673）任職揚州。又據汪懋麟《平山堂記》記載："十二年秋，山陰金公補揚州，余喜曰：'是得所托矣。'金公諾。至郡，廢修墜舉，士民和悦。會余丁先妣憂歸里，相與蓄材量役，度景於明年之七月，經始於九月，告成於十一月。不徵一錢、勞一民，五旬而堂成。公置酒大召客，四方名賢，結駟而至，觀者數千人，賦詩落之。"平山堂于康熙十三年（1674）重修完成，則此詩當作于康熙十三年（1674）。

醉，嵐深黛欲描。危巢攀鶻轂。淵室瞰鮫綃。幽興仙踪别，生涯牧竪聊。品泉第五穴，汲綆此雙瓢。衰柳凄争舞，高松勁耻凋。疇垠荒绿穢，藥圃藝紅蕉。探洞行呼鹿，弢弓坐仰雕。吴鈎凝乍涷，桐尾拂仍焦。擁陌油車緩，巡堤寶勒驕。蒼葭人弗遠，翠管曲方調。玞礱資攻玉，羊裘肯伴貂。楚櫱馨桂醴，郇炙雜蘭椒。落落筵剛滿，傞傞燭旋燒。游梁追授簡，入洛羡乘軺。畫戟朱蕤吐，芸籤碧字雕。聞聲懷縞紵，報賦愧瓊瑶。幾研憑苔設，縹緗荷杖挑。鶴鳴依晚峭，鳥韻借春嬌。綸綍頒恩寵，桑林問土謡。扳轅宜父老，載筆借賓僚。弦誦羅言偃，刑書陋國僑。猪肝餘折束，樾蔭避驚飆。陵谷忘移改，登臨愛泬寥。節催沙雁度，蟄禁草虫咬。勝事應難朽，勛華共不祧。邗溝長錯綉，鄒律轉陽杓。旰食修干羽，邊烽隔麗譙。萬方皆脱劍，孤棹更聽簫。

訪大明寺泉同張介子蔣子久[①]　杜濬

人代百務繁，山中一泉躍。素友宛具舟，游子欣出郭。騰騰陰霞霽，汨汨早潮落。蒙翳經法雲，聊自意所略。寺名自劉宋，水味异漿酪。躬汲窺沉深，獨醒知淡泊。寧居第五名，不受驃騎爵。飲罷祛塵機，意遠陟苔閣。望眼竟有涯，寸心忽無托。悠然來去情，誰知哀與樂。

分賦古迹得第五泉　吴嘉紀

荒邱絶塵囂，石甃蒙荆棘。疇昔烟霞侣，修綆於此汲。提携瓮罌潔，滴瀝苔蘚濕。靈液生天壤，何心冀賞識。人偶辨甲乙，名已傳都邑。伊予家海濱，潮汐作飲食。鹽井難沃胸，源泉苦相憶。數載願弗遂，一瓢今始執。悠悠寺鐘聲，靉靉秋山色。披榛自去來，松風動蓑笠。

---

① 張介子：張萼初，字介子，又字燕客。張岱之弟。蔣子久：蔣灼，字子久，號方臺。明錢塘方山人，諸生，工詩善書。

第五泉歌　平山堂逢褚硯耘孝廉同徐元夏作①　李良年

平山堂下水，水石相氤煴。第五與十二，品藻何紛紛。《茶經》每見流傳誤，歐陽金石垂遺文。伯芻最金山，鴻漸推康王。吾徒游歷苦未遍，何由挹注爲低昂。竹西小住今年乍，茶甌惱殺渾流瀉。醉客宵嘗不解醒，蒼頭曉汲還論價。忽記兹泉水清洌，遠拂荒碑探舊穴。百轉銅瓶倒轆轤，齒牙却潤嵰山雪。褚翁嗜茶癖無比，身是王盧友劉李。丫髻山童折脚鐺，一擔花影斜陽裏。鳩坑日鑄夙所耽，亦有顧渚新芽美。蟹眼松濤解后間，緑莎如茵石堪几。因思惠山飲，更憶江心艤。不須甲乙較前人，暫游喜啜三名水。君携衲子我携客，風景何曾負雙屐。碧樹紅橋正可留，那知别恩懸沙磧。長安斗水須百錢，黄塵拍眼朔風顛。蹄涔解渴尋常事，從此相思第五泉。

紅橋　李良年

出郭饒幽興，逶迤信馬蹄。灑衣花片小，隔岸酒帘齊。沙雨迷離下，山禽睍睆啼。微聞清珮響，人在板橋西。

三月三日程師儉招同黄自先江郢上家叔定蛟門泛舟登平山堂得詩十八韻②　汪楫

瀲灎水增波，佳辰重修禊。畫船如鱗次，盼睞失埤堄。春氣今年惡，累月少開霽。青帘得乍捲，飆風忽而細。理檝踴篙師，静波儼屏翳。楊枝送婀娜，水檻引迢遞。游河既濯穢，陸游詩：“濯穢游黄河。”[2]凭風更决眦。川光真是練，樹緑不如薺。山堂斬然新，追

---

① 褚硯耘：清人，生平不詳。徐元夏：清人，生平不詳。

② 三月三日：《汪懋麟年譜》記載：“（清聖祖康熙十五年丙辰）三月三日，與程師儉、黄元治、江郢上、汪叔定、汪楫泛舟登平山堂。”由此可知，此詩作于康熙十五年（1676）三月三日。黄自先：黄元治，字自先，安徽黟縣人。曾先後任貴州平遠府、江西建昌府和雲南大理府通判，宗人府經歷等職。著有《黄山草》。江郢上：清人，生平不詳。家叔定：汪耀麟，字叔定，號北皋，江都人。貢生，與弟弟汪懋麟齊名。著有《抱耒堂集》等。蛟門：即汪懋麟。

往傚精衛。登樓捫白日，浮雲未許蔽。結構亦已工，丹雘苦難繼。以此俟後人，詎异調鑿枘。義色動賢主，慷慨謀共濟。指畫上檐阿，料理到階砌。試看聚米算，絶勝牙籌計。曲水有浮杯，西池盛清制。醲川且同酹，杜篤《祓禊賦》云："酹酒醲川。"①枯腸若爲劌。鼓枻待重過，抽毫頌佳麗。

金觀察招同杜于皇程穆倩孫無言鄧孝威宗鶴問彭爰琴何弈美黄交三集平山堂限五言古體十二韻②　汪楫

歲暮冰雪盛，松竹寒皚皚。朝來山出日，倏若三春暉。含光動林薄，物象欣有依。野色凈車馬，主人携賓來。昨構山上堂，前賢儼在斯。入門古今接，襟抱豁然開。今日復何日，前躅後人追。絲竹山水間，誰謂知音稀。空雲渡檐楹，江岫蒼庭階。風景佳如此，歡娛正及時。策足須要路，立身常苦遲。相隨愛良會，美酒何能辭。

步平山堂舊址有懷六一居士　汪楫

揚州自古繁華區，深溪峻壑無與娱。品題慣得文章伯，名邦從此稱江都。枚鄒已往鮑照遠，濤聲寂寞蕪城晚。廬陵學士剖符來，平野一朝同絶巘。平山山上幾間屋，繞屋新栽萬竿竹。上客賦詩風滿樓，小史傳觴花映肉。有時湖上采蓮歸，十里漁歌到山麓。翻波荷葉亂花紅，隔江岩岫當門緑。山光花氣未全非，只是堂前竹影稀。把酒還來太古月，肯教早放畫船歸。

---

① 杜篤：字季雅，京兆杜陵人。有《論都賦》《祓禊賦》等名賦傳世。《祓禊賦》記載："巫咸之倫，秉火祈福。浮棗絳水，酹酒醲川。"《後漢書》卷八〇有傳。

② 金觀察：即金鎮。鄧孝威：鄧漢儀，字孝威，泰州人。康熙中舉鴻博，以年老授中書舍人，工詩。《清史稿》卷四八四有傳。宗鶴問：即宗觀。彭爰琴：彭桂，字爰琴，江南溧陽人。康熙十八年(1679)薦舉博學鴻詞。著有《初蓉詞》。何弈美：清人，生平不詳。黄交三：清人，生平不詳。

郡伯金公復建平山堂招同諸君宴集限五言排律得五十韻[1]　汪楫

文采無今古,江山有廢興。百年僧舍迥,一月草堂仍。太守鳴騶至,群賢接迹升。新階同雨洗,畫棟儼霞蒸。道路争傳瓦,工師正引絙。喧阗雲欲變,邪許谷齊應。此際宜晴朗,侵晨尚鬱蒸。天心開笑語,人意盡飛騰。往者堂初建,歐公世所稱。至今崇俎豆,端不愧師承。愛作平原飲,時招耐久朋。荷花香十里,竹葉醞三升。五馬行觀獲,輕舠唱《采菱》。纏頭堆蜀錦,染翰費吴綾。每讀《朝中措》,如淩六月冰。衰翁還自看,年少敢相矜。《朝中措》,歐公平山堂詞名,看取衰翁詞中語也。大厦何時壞,朱欄不可凭。樵蘇到柱礎,嶺路入田塍。曉日鳴車鐸,春風響射堋。頹垣空駐馬,低岸只懸罾。無復文章伯,惟餘粥飯僧。林中誰列炬,世外浪傳燈。對此心常戚,其如力弗勝。莊嚴有底急,兼并若爲懲。舍弟思持鉢,謂蛟門。時人慣摸棱。一朝公作郡,百務木從繩。善説宰官法,羞參最上乘。經營開草莽,結構稍崚嶒。繼往留渾樸,隨時飾彩繒。丹樓須顧愷,留壁謝徐凝。十月霜華薄,高丘爽氣澄。紛拿山歷歷,雙峙塔層層。好景收襟帶,華筵上氍毹。大人多九列,處士足三徵。賦各懷王粲,舟都共李膺。真成花照眼,遮莫酒如澠。憶昨喧鼙鼓,横空布繳矰。離群號旅雁,掣臂走饑鷹。天塹殊難恃,東山實可憑。出城尋嘯咏,比屋失凌兢。余豈鷄群鶴,叨爲驥尾蠅。美名慚獨許,勝地快同登。草木兵俱静,江淮勢益增。人皆欽雅量,竊更服廉能。草野依肝膈,朝廷重股肱。試看觀察使,詎遠秘書丞。最喜遷喬木,還愁别廣陵。難攀官閣樹,但把剡溪藤。元叔悲窮鳥,青蓮賦大鵬。徒然同舉觶,安得遂擔簦!

---

① 《汪懋麟年譜》記載:"(清聖祖康熙十三年甲寅),十一月,平山堂落成,知府金鎮遍招諸名士,觀者千人,皆以詩詞爲賀……汪楫《山聞後詩》之《郡伯金公復建平山堂招同諸君宴集限五言排律得五十韻》"。由此可知,該詩作于康熙十三年甲寅(1674)。

平山堂　汪楫

山色江南在，竹陰堂上稀。野花猶愛客，片片下山飛。

乙巳春夜讀王阮亭先生紅橋冶春諸絶句漫作二首[①]　宗元鼎

紅橋春柳碧條條，十五橋中第一橋。多少游人渾不識，獨留才子聽吹簫。

休從白傅歌楊柳，莫向劉郎演竹枝。五日東風十日雨，江樓齊唱《冶春詞》。

平山堂　宗觀

堂對江南遠近山，千螺青插酒杯間。幾時改作棲靈寺，六一高踪可再攀。

汪季角平山結夏　宗觀

消夏樓居得暫閑，八窗敞對有無山。筆床茶竈松風響，只許吟詩客報關。

平山堂落成四首[②]　汪耀麟

誰使山堂廢，於今已十年。忽開新棟宇，重見舊山川。俎豆廬陵在，文章慶曆傳。看碑思太守，端不愧前賢。

覽勝原無際，登高今有樓。江光騰北固，山色隱西州。到此心能曠，因之足欲休。笙歌與風月，真賞信堪留。

不分山泉好，沉埋蔓草間。小亭新結構，勝迹可躋攀。豐樂名何

① 乙巳：康熙四年(1665)。王阮亭先生紅橋冶春諸絶句：即本卷王士禛《冶春絶句》。

② 《汪懋麟年譜》記載："(清聖祖康熙十三年甲寅)，十一月，平山堂落成，知府金鎮遍招諸名士，觀者千人，皆以詩詞爲賀。"由此可知，該詩作于康熙十三年(1674)十一月平山堂落成之後。

遜，參寥味可删。自兹金井上，不放轆轤閑。

昔日行春地，封庭復有臺。檻從空處倚，門對遠山開。野竹何時長，垂楊且自栽。觀成殊不易，把酒興悠哉。

暮秋紅橋野望呈金長真郡伯　汪耀麟

一帶紅橋路，三秋緑水灣。正宜撑小艇，直可到平山。城郭斜陽裏，園林落葉間。停車看柳樹，坐愛使君閑。

邱曙戒侍講招同豹人醉白家兄叔定泛舟登平山堂用山色有無中爲韻分得無字[①]　汪懋麟

凉風扇華節，霖潦盈江湖。客行自淮水，幽興聊平蕪。招携登野航，二三皆酒徒。金魚不自惜，美醖從我沽。蕩槳越城郭，沿渠足菰蒲。蓮葉結淺翠，蓮花耀深朱。顧此樂無極，陶然傾一壺。檥舟版渚下，策杖平山隅。密雲蔽陽景，回飆生高梧。歐公雖云没，緑楊猶未枯。山川賴人傳，文章安可無。

人日諸子游平山堂大雪驟至飲真賞樓走筆得三十六韻[②]　汪懋麟

時節初逢卯，是日癸卯。年華復建寅。一冬常苦旱，七日已驚春。出郭宜登陸，尋幽怕問津。柳容青未著，梅意白如匀。凍草承車軟，林禽語客馴。到山鐘未午，禮佛飯初辰。祠宇尊先哲，周防仗後人。廿年心始遂，八字夢何因。築真賞樓初成，夢歐、蘇兩文忠公命余作聯，余應聲曰："登斯樓也，大哉觀乎。"遂用爲對。勝迹原無敵，佳題信有神。江山列淮楚，

---

① 邱曙戒：邱象昇，字曙戒，江蘇山陽人。順治進士，官至大理寺左寺副。豹人：即孫枝蔚。醉白：韓魏，字醉白，江都人。家兄叔定：即汪懋麟哥哥汪耀麟，字叔定。《汪懋麟年譜》記載："（清聖祖康熙五年丙午）七月，與孫枝蔚、韓魏、懋麟、耀麟陪丘象升游揚州諸勝。《詩集》卷四丙午《邱曙戒侍講招同豹人醉白家兄叔定泛舟登平山堂用山色有無中爲韻分得無字》"。由此可知，此詩作于康熙五年(1666)七月。

② 人日：《汪懋麟年譜》記載："（清聖祖康熙十八年己未）正月初七日，偕友人游平山堂，大雪驟至，飲真賞樓。《百尺梧桐閣遺稿》卷一己未稿《人日同諸子游平山堂大雪驟至飲真賞樓走筆得四十韻》"。由此可知，此詩作于康熙十八年(1679)正月初七。

人代本梁陳。夜夜笙歌沸，朝朝粉黛嚬。燒香來妙女，祈嗣肅明禋。范相宫方楚，胡公廟肯薪。山傍爲文正、安定兩祠。三賢真尚友，百世此爲鄰。地脉原通蜀，泉源舊出岷。一亭依衆樹，片石出荒榛。近水烟光活，遥天雪意純。初焉猶是霰，倏矣盡成塵。素女翔天闕，湘娥舞漢濱。滿空交蛺蝶，遍夜失麒麟。著地渾如掌，當杯不及唇。回戈光灼灼，奔馬勢駪駪。喜勝褰瑶草，狂思倒葛巾。步兵厨恐竭，公瑾味稱醇。接席皆仙客，逃名半隱倫。争先持玉斗，攘臂劈銀鱗。勢欲傾三峽，歡堪抵一旬。交原垂發好，飲是布衣真。慎勿言通塞，何須辨主賓。行觴休緩緩，起舞共蹲蹲。晚霽還移席，終筵莫吐茵。夕陽看有態，積雪浩無垠。暮鵲歸飛急，昏烟繞舍頻。紅樓連市燭，畫鼓隔城闉。雨夜期烹韭，晴天訂采蒓。定知丘壑好，得醉即稱臣。

同友人泛舟游平山新堂[①] 汪懋麟

堂成群望愜，勝賞衆歡同。畫檻雲邊出，松門寺外通。堤長宜雜樹，臺敞正晴空。五百餘年後，依稀六一風。

金長真太守興復平山堂落成宴集紀事[②] 黄虞稷

勝迹垂今古，風流見後先。名邦恢傑構，盛事嗣前賢。歌吹喧閭井，魚鹽富市廛。岡因昆軸倚，岫借蔣陵懸。陳迹歸蕪没，新題焕刻鐫。翬飛誇日麗，鼇奠詫雲連。景物增新概，江山入舊妍。真成美輪奂，無復慨桑淵。慶曆承平永，歐公出守專。兹堂經作始，平楚攬收全。每命觀風駕，時斟近寺泉。五弦調渌水，百妓艷紅蓮。楊柳風中檻，龍蛇醉後椽。人間金馬客，上界玉堂仙。代謝悲岩谷，登臨感逝

① 《汪懋麟年譜》記載："（清聖祖康熙十四年乙卯）初夏，與喬萊等諸友游平山堂。《詩集》卷十三乙卯《同友人泛舟游平山新堂，各賦四首》，其一曰……其二曰……其三曰，堂成群望愜，勝賞衆歡同。畫檻雲邊出，松門寺外通。堤長宜雜樹，臺敞正晴空。五百餘年後，依稀六一風。"。由此可知，此詩作于康熙十四年（1675）。

② 《汪懋麟年譜》記載："（清聖祖康熙十三年甲寅），十一月，平山堂落成，知府金鎮遍招諸名士，觀者千人，皆以詩詞爲賀。"由此可知，該詩作于康熙十三年（1674）。

川。雲烟一瞬改，烏兔兩丸旋。不見文章伯，空餘梵唄筵。佳游成寂寞，憑吊起延緣。復古思徒切，乘時勢孰便。幾傷頹壞久，幸睹昔觀還。汝水恩波闊，維揚雨露涓。來蘇賡豈弟，敷政善承宣。閣爲凝香靜，帷因問答褰。[3]簿書雖旁午，逸興轉蹁躚。退食行郊甸，娱賓盛豆籩。雙旌虹旖旎，五馬錦連乾。庾鮑還聯座，應劉實比肩。升高能作賦，即席擅題箋。地映芙蕖曉，霞澄綺縠鮮。當杯歌宛轉，揮翰字蜿蜒。馴鹿方來駕，啼鶯已報遷。外臺分節鉞.驛置恤危顛。作牧三藩重，題屏特簡甄。遠沾河潤沃，近接惠心闐。吐握宏延攬，過存度陌阡。式廬勤道左，擁篲失車前。敢執衡門固，空紆長者軿。春風乍披拂，碧蘚愈嬋娟。翹首瞻雲漢，卑躬力研田。嗜書疑有癖，得句喜應顛。迂拙曾何取，勃溲亦見憐。岳宗群望止，滄海衆歸湍。江左夷吾日，襄陽叔子年。請看三月化，更補六朝篇。

揚州金太守修復平山堂宴集和曹侍郎韻① 毛奇齡

東閣人何在，《蕪城賦》未傳。每游吴苑去，只愛蜀岡前。地擅江都勝，堂成慶曆年。風流聞舊守，登覽挹前賢。山遠平如掌，墻低甫及肩。折荷分四座，種柳并三眠。漸覺春風度，還看歲月遷。重來送原父，三過憶坡仙。廣牖通樵爨，空壇傍竺乾。賓閑甓社酒，妓散廣陵船。何幸文章牧，方從汝穎旋。乘時聲籍甚，懷古意悠然。行部朱旗繞，尋幽錦纜牽。雲樓恢佛地，月俸解官錢。文杏安雕檻，團花隱甓磚。龍蛇遺字古，魚鳥近人憐。翠甸宜圖畫，紅橋度管弦。同舟携郭泰，開館盡田駢。我本平臺友，忻觀鄴下篇。淮西三歲别，江介一星躔。末乘陪常晚，長筵醉不先。到來追賦咏，何似杜樊川。

上巳平山堂修禊分得急字 彭桂

蘭亭邈已遠，往哲渺難及。修禊值兹辰，維舟傍江邑。平山踞郡

---

①　曹侍郎：曹溶，字潔躬，浙江嘉興人。崇禎丁丑（十一年，1637）進士。清時官至户部侍郎。著有《静惕堂詩》。《汪懋麟年譜》記載："（清聖祖康熙十三年甲寅），十一月，平山堂落成，知府金鎮遍招諸名士，觀者千人，皆以詩詞爲賀。"由此可知，該詩作于康熙十三年（1674）甲寅。

勝，蒼翠足攬挹。歐公昔構堂，千載猶岌岌。邇者鞠爲墟，榛莽泫露泣。大雅洵有待，良牧慨新葺。修墜殫苦心，事創而非襲。朝夕共衙齋，經營睹汲汲。今來倏落成，欣遇群賢集。出郭沿溪皋，登陸尋磴級。朱栱層烟浮，丹甍迴霄立。彌望騁雲端，縱賞目不給。南徐諸峰巒，檻外如拱揖。千帆帶潮回，津樹壓城濕。初柳緑未濃，含桃紅尚澀。茫茫百感生，俯仰周原隰。光風泛遥岑，披襟欣習習。秉蕳非吾好，搴若且聊拾。前徽苟不泯，廢興在呼吸。游觀安足羡，令名良所急。

【校勘記】

［1］風：乾隆三十年本、光緒九年本、光緒二十一年本均作“風”，天保十四年本作“城”。

［2］陸游：疑當爲西晋時期“陸機”。《陸機集·陸機集補遺》卷第二《詩》有《三月三日》詩：“遲遲暮春日，天氣柔且佳人。元吉隆初巳，濯穢游黄河。”

［3］“荅”：乾隆三十年本、光緒九年本、光緒二十一年本均作“荅”，天保十四年本作“俗”。

平山堂圖志卷第六　藝文四

詩　三

國　朝

恭和御製平山堂原韻　高士奇

閑堂古徑蜀岡西，霈霈江雲入檻低。寒月硐花隨候落，冷烟山鳥盡情啼。才因地迥龍鑣駐，却喜庭寬羽衛栖。傳説名臣游賞處，今經萬乘有新題。

平山堂應制欽限七律體用八齊韻二首　汪士鋐

六一堂高俯碧溪，仙鑣玉輅擁臺西。長天日影輝龍轡，滿徑松陰散馬蹄。四野迥看青靄合，遥山高與白雲齊。蜀岡此日看留蹕，珍重宸章萬古題。

聖主東巡駐竹西，觀風攬勝到招提。千官扈蹕鳴珂入，萬騎從行簇仗齊。雲路霓旌松際出，江天塔影望中低。翠華臨幸傳奎藻，共仰怡情御墨題。

平山堂　崔華

烟樹蕪城外，平山問古堂。風流懷异代，鞍馬駐斜陽。天闊江帆隱，雲横嶺雁長。廬陵名姓在，花外斷碑蒼。

過平山堂懷王阮亭① 曹貞吉

蜀岡南下俯平沙，策杖登臨繫釣槎。自是山光能悦客，非關游子不思家。天垂白練江流闊，門對丹楓驛路斜。太息法曹今已去，空餘灌木聚寒鴉。

平山堂次東山先生韻 趙吉士

地脉通岷峨，崇岡起天半。繚城抱如屏，瞰野峙若案。滄桑竟何有，陵谷變昏旦。獨有六一翁，歷久聲施爛。古堂廢復興，丹雘開榛蔓。至今觴咏地，風流永不斷。政事與文章，可知兩無畔。我來訪遺迹，長嘯冠屢岸。看山憑危欄，集客啓高閈。詎云學士優，寸陰分緡算。緼摩念先澤，真淳風未散。追和平山篇，散辭語璀璨。淵源今可師，物我希同患。劖入龍蛇壁，古今賞奇玩。[1]

泛廣陵西鄙至平山堂[2] 畢際有

柳色蕭疏暮靄浮，紅橋放棹足夷猶。雙扉隱見花間徑，一水回環竹裏樓。日落人歸停畫舫，荷枯天冷立沙鷗。歐陽遺迹知何在，隊隊牛羊下隴頭。

平山堂中秋宴集奉酬金長真觀察二十四韻 盛符升

蜀岡何逶迤，平臨江上山。山光落空翠，紛羅几席間。有堂自慶曆，六一相追攀。何期歷异代，舊觀去復還。廢興感今昔，憑吊思前賢。踵事抑何美，層樓跨其巔。東瞰九曲池，西挹第五泉。平山共真賞，合沓争高騫。落成復修禊，翰墨如雲烟。此會當秋半，明月滿江干。瞻慕依榱桷，瓣香肅敦盤。寥寥六百載，對越儼相看。合坐同仰止，次第披琅玕。西園逐飛蓋，相與勉歲寒。曾聞芍藥圃，賓主稱王

---

① 王阮亭：即王士禛。

韓。中秋撰樂語，淮海推詞翰。昔我從濟南，九日來盤桓。酬和傾豪俊，文酒留餘歡。勝事每遥集，詞人樂比肩。千秋此登賞，麗藻尤芊綿。地以高賢重，文緣嘉會傳。堂前憶楊柳，風流足後先。管弦方度曲，待月意悠然。蒼茫恣俯仰，山川爲布筵。

和王阮亭先生九日登平山堂雜感　盛符升

此日籃輿愜勝游，平山高閣對清秋。春生坐上吟成卷，再把茱萸泛碧流。六一遺踪對晚霞，叢祠古樹集寒鴉。春風曾憶仙翁面，師友歐蘇得幾家。

紅橋　孫枝蔚

畫舫日將斜，紅橋對酒家。歌聲傳《水調》，女伴折荷花。明月臨城樹，凉風亂野蛙。竹西騎馬客，歸路不言賒。

蜀岡　范國禄

落日西風縱馬蹄，平陽岡上草萋萋。不知來往人多少，看盡水天雲樹低。

避暑平山堂　陶季

周遭鬣鬣萬株松，稺竹千竿盡籜龍。隨意蹋歌行不倦，佛堂才打午時鐘。薄雲無定望中銷，歷歷風帆信晚潮。山色隔江青一抹，不知何地是金焦。疏帘清簟兩相宜，卧誦坡公雪夜詩。才喜五泉烹茗後，北堂聽雨又多時。

記平山堂相别慧公略無消息　陶季

觸熱曾過第五泉，芒鞋箬笠暮雲天。匆匆一飯輕舟去，不見湯休又七年。

平山堂　方象瑛

蜀岡何逶迤，巋然出林藪。雲霞時卷舒，松竹蔭左右。城郭杳靄中，登樓重搔首。緬惟慶曆年，廬陵嘗載酒。滄桑幾廢興，臨風延佇久。

初冬李艾山宋射陵宗子發李季子王景州歙州昆繩集飲平山堂分韻　冷士嵋

孟冬美風日，登此平山堂。結賞列迴眺，俯視臨蜀岡。參差見遠岫，山色寒益蒼。木葉紛且盡，鴻雁爭南翔。充懷托遠寄，歷覽何洸洋。引勝發遥咏，不覺頹夕陽。輿人促歸騎，落日遥相望。寒烟起隴戍，古道歸牛羊。揮手各分去，通懷安可忘。

至日同梁檗亭暨同社諸子宴集平山堂　卓爾堪

迢迢遺事説前人，陳迹登臨又一新。天地愛才餘數子，江山占勝歷千春。聚緣湖海關情遠，飲藉詩歌發興真。至日喜無冰雪氣，泉邊冬草軟如茵。

游平山堂　孔尚任

慶曆遺堂見舊顔，晴空欄檻俯邗關。密疏堤上千絲柳，深淺江南一帶山。文酒猶傳居士意，烟花總待使君閑。行吟記取松林路，每度春風放艇還。

早春泛舟至平山堂分韻　曹寅

倚天欄檻極空明，吴楚風烟畫不成。漱罷寒泉無一語，竹輿歸去有鐘聲。

戊子暮春書平山堂壁呈麗杲和尚　傅澤洪

幾折坡陀路漸平，到來翻喜亂鴉鳴。不須更問師聞否，且看松光挂晚晴。

春日登平山堂　繆肇甲

六一存高踪，遺堂猶慶曆。政事有餘閑，曾此静栖息。古人不可見，風流尚如昔。雙塔插霄漢，微磬響空寂。殘碑北宋留，古寺南朝得。春來山翠多，倚欄試吹笛。

平山堂　杜仁傑

政事與文章，古來兼者寡。卓哉歐陽公，乃是名世者。折花邵伯湖，命妓傳杯斝。登臨何多暇，禾黍盈四野。太守既風流，賓客亦文雅。坐對江南山，翩翩共揮灑。[3]我來何所見，緇徒滿蓮社。山木鳥來還，山寺鐘已打。

登平山堂分賦　黄陽生

移舟未放酒杯空，尋壑經丘路幾重。黄葉半遮蕭寺院，虚堂平對遠山峰。郡中賢牧來廉叔，竹下浮生有仲容。誰信歡游却惆悵，鶴城秋盡又初冬。

上巳平山堂試第五泉　黄雲

棲靈寺畔涓涓瀨。細路松間我舊諳。最是禊辰宜水潔，偏于鄉味覺泉甘。吟詩客愛親寒碧，洗鉢僧多就石潭。夕照馬嘶人去後，獨留清淺伴烟嵐。

上巳登平山堂修禊　何嘉延

我家會稽山，蘭亭在其右。陵谷世代殊，荒蕪既以久。萍梗泛天涯，歲月惜常負。祓禊多勝游，於吾亦何有。昨暮渡揚子，扁舟繫堤柳。清晨值上巳，招携藉良友。水邊非不佳，所愛陟層阜。遥指平山堂，構自六一叟。有宋慶曆間，賢哲踵郡守。公餘恣游宴，搜奇遍林藪。大雅渺雲烟，琳宫踞培塿。循牧與名彦，力任慨不苟。豁達辟軒楹，蒼茫納户牖。岧嶤還鉅觀，一滌山靈垢。非供耳目觀，緬懷前徽偶。乃知宇宙大，締造在隻手。勛德不自立，將同草木朽。芳菲賞及時，流連暢杯酒。褰荔終與期，贈藥漫相誘。[4]鄙哉溱洧風，挽此澆俗厚。

紅橋　史申義

紅橋無幾曲，秋水城隅長。蓮葉已離披，芙蓉正堪賞。安得携童稚，深深摇畫槳。非同洛濱戲，不比山陰訪。頗聞保障湖，蒲葦清流廣。水天自容與，人影久俯仰。雅游無俗情，勝地發遐想。鳧鸛各成群，蛺蝶見三兩。秋蟬鳴古柳，吾舟或可榜。未知此生間，當著屐幾緉。

暮登平山堂　程文正

檥舟尋舊迹，步屧到花龕。碧樹迎秋雨，蒼山帶夕嵐。僧閑疏磬遠，地古野泉甘。接翅昏鴉亂，游人酒正酣。

同賀天士出郭雨驟不得到平山　姚曼

重過漫説古揚州，行李同君此暫留。十二樓臺千嶂夕，萬家烟雨一船秋。但經好酒還移棹，不到平山亦勝游。才子况當逢賀監，何妨抵掌笑清流。

揚州　徐昂發

欄檻層層俯薜蘿，文章太守昔經過。花争幕下紅妝艷，山借江南翠黛多。酒拍玉船添畫燭，香籠綉毯試蠻靴。春風揚柳垂垂緑，腸斷蘇公一曲歌。

上巳過平山堂　查慎行

發軫維揚城，迢迢入廛陌。不逢湔裙女，但見騎驢客。平山平似岸，夾路植松柏。堂空感良游，事往念前哲。當時手種柳，摇落那禁折。暫此駐征鞍，一帘風向夕。

平山堂　蔣菁

堂前楊柳手經栽，江上晴嵐望裹開。自是蘇公三過後，惟聞鐘磬鎖蒼苔。

由紅橋至平山堂　劉家珍

十里春沙襯馬蹄，垂楊兩岸野雲齊。今朝自分游湖早，已有笙歌在竹西。

游平山堂　劉師恕

一船載童冠，往眺平山春。棟宇存名迹，風流見古人。虚窗收遠色，浮世藐微塵。更欲乘風去，東尋若木津。

平山堂懷古二首　王式丹

登樓一拜思無窮，闌檻依然拱萬峰。幾度春風别楊柳，于今夕照冷杉松。冠山梵閣題新額，伐石名泉寄舊踪。异代風流勞悵望，也拚一醉飲千鐘。

廣陵佳處敞層雲，天地蒼茫自古今。烟霧乍披風疊疊，晚烟欲落樹陰陰。鐘聲坐接諸天近，磵道行穿一徑深。林下何人供茗器，清泠半勺洗煩襟。

揚州懷古　杜詔

一上平山堂，再拜歐陽子。歌吹古揚州，風流名刺史。政暇縱游宴，看山輒來此。蜀岡綿亘外，京口蒼茫裏。時移采花舫，座列傳花妓。酒闌載月歸，荷香携袖底。誰誇金帶圍，富貴良有以。花開艷葳蕤，花落傷榛杞。惟有檻前山，歷歷江頭起。

平山堂懷古　顧嗣立

霜銷雲氣收，日脚正亭午。江光動碧瓦，隔岸青可數。吴山隱密林，淮岫矗極浦。積陰挾寒濤，勢欲到堂廡。緬懷六一翁，流風邁千古。傍崖置棟梁，於焉運斤斧。堂成集群僚，清詩日吟苦。渡水采芙蓉，皓腕牽纖縷。翠娥趁月歌，紅裙蹋筵舞。遂使狐兔場，翻作圖書府。茫茫五百年，勝事今誰睹。空餘三字顔，斗大映屋宇。想當下筆時，肘腋勞撑拄。著紙墨淋漓，力挽千鈞弩。形如鸞鳳翔，結構各綴補。歲久墨花妍，疏宕更媚嫵。摩挲不忍去，但以指畫肚。夕陽亂平蕪，黄葉響山塢。蜀岡鳥上下，棲靈送鐘鼓。何當春明來，松翠潤細雨。屐齒印庭緑，桃泉咽石乳。醉翁許爲徒，千載作賓主。

平山堂宴集用壁間坡公次王居卿祠部韻　唐建中

守土風流兩居士，一翁愛醉一翁醒。何妨歌舞環珠翠，不少功名照汗青。潮帶中泠長似練，雲横北固宛如屏。吾曹未老江山在，看取高樓俎豆馨。

議復保障湖舊迹　徐陶璋

湖留保障名，舊入廣陵志。城北引回瀾，魚鳥雜荷芰。來往畫鷁通，溉田長禾穗。歲久感滄桑，湮鬱失水利。邑里有名賢，慷慨陳大吏。故道須鑿疏，唱和興復議。此議雖已寢，經國非細事。同儕寫短歌，留待采風使。

汪木瓶招同諸子花朝集平山堂　徐陶璋

平疇一望蕪城北，堂開高敞延清風。山浮遠勢看隱見，塔留雙影撑青空。君家詩老真好事，頹垣斷綆修人工。身後傍臺成馬鬣，神靈欲伴歐陽公。春光滿眼集裙屐，擘箋飛盞花香中。我來靚此良宴會，斜陽映樹穿玲瓏。

汪木瓶招同諸子花朝集平山堂　唐繼祖

千林雨歇春昌昌，數株風柳摇虚堂。江螺點疊青墮酒，來與六一分山光。當時主客不可見，韓林片石惟獾郎。壁間宋碣惟荆公一人。二老吟蜕亦久化，雜花狼藉空原香。北阜、覺堂兩先生修復山堂，頗極文酒之盛，今皆葬山側。大雅日遠才力薄，暫湔塵上清中腸。名泉一甌吹佛火，松寮落日聞笙簧。

汪木瓶招同諸子花朝集平山堂　方肇夔

南徐諸峰羅畫屏，虚堂直與諸峰平。堂上摇毫翦江水，頓令秀色江天横。木瓶弟昆今二陸，蠻榼招客凭風欞。百花争圍沈宋席，酒酣落紙春蠶聲。天光雲影蕩胸臆，步虚仿佛來湘靈。漫誇山青因吾曹，吾曹眼爲青山青。

議復保障湖舊迹　汪天與

廣陵據天心，佳麗擅夙昔。寶帶河繞郭，蜀岡扆其北。中開十里湖，一望涵空碧。所以鐘靈區，財賦天下積。嘗聞抵平山，揚舲競挂席。如何長葑菲，日久漸壅塞。但許浴凫鷖，扁舟不可刺。何當復舊觀，吾儕任其責。

平山堂　張大受

六一風流迥莫攀，常留佳迹愛平山。四衢城郭喧闐外，千載樓臺杳靄間。石磴吟聲松響入，夕陽杯影鳥飛還。登臨我輩空今昔，獨爲高文憶醉顔。

重九前三日平山堂和友人韻　徐葆光

登臨到此轉茫然，高閣平山出遠天。前輩詞場吾輩共，三分弦月二分先。隔江山在無中有，异代人豪廢後傳。堂外芙蓉尚如舊，背人獨醉夕陽邊。

八月十六夜平山堂待月　方原博

八月十六夜，待月平山堂。是時獨陰黑，好景疑虚將。飲以酒一石，趣以詩數行。高歌寫清韻，天聽從來長。初出狂雲裏，隱隱含金光。少時北風大，驅雲如驅羊。忽然平樓白，竹樹浮元霜。不見轉東向，稍喜來深廊。望滿笑老眼，遠覺松烟黄。更有影在水，橋冷空庭凉。人静散琴弈，石路斷秋香。城頭明鼓角，星露回朝陽。憶昔六一子，吟嘯遥相望。月自有隱見，游賞無偏妨。今我得此夕，何事生清狂。玉成應知感，不語高蒼蒼。

過平山堂　方貞觀

五年重到路依稀，滿檻松篁正落暉。極目雲歸和鳥疾，隔江山遠見烟微。物情捐弃拋團扇，人事炎凉感袷衣。莫更繞廊尋舊迹，共題名輩半都非。

載酒游平山堂即目成韻　張鵬翀

幾度平山載酒游，畫船雲幂敞清秋。微陰緑浪紅闌裏，不用笙歌列雨頭。

游平山堂　張廷璐

蜀岡留勝迹，結構俯郊坰。雲樹平高閣，烟帆接遠汀。野延當檻緑，山撫隔江青。太守風流在，千秋未杳冥。

平山堂宴集用韓孟會合聯句韻　程夢星

禮經索居愁，易爻盍簪重。倦游朋方來，未見意先勇。孟夏草木稠，空郊羽毛聳。駕言神輿輕，寄咏心源涌。懷抱塞以開，[5]山川昔多壅。郵函易寫憂，把袂難接踵。舊雨憶東西，停雲望邱壟。既結良辰歡，轉生後時恐。薄俗趨利場，吾輩讀書種。晤語斥煩囂，論文戒閑冗。塵外敞虚堂，松陰吊詩冢。先外祖汪蛟門先生墓在堂側。迹勝往古遺，風和惟日寵。嵐影過平疇，江光挹雕栱。俯瞰志自怡，歷險魂無恟。柳枝初嬋娟，吟情争供奉。諸君收駢羅，鄙材耻瘿腫。緬懷北宋時，即此南榮擁。横笛官奴吹，擘箋營妓捧。散步聽春鵳，閑謡答秋蛬。走或張籍僵，立似孟郊尰。咄哉維歐蘇，惜乎欠轍鞏。當年少倡酬，同儕想雜竦。至今共登臨，千載使惕悚。世遠蓬卷風，地靈芝茁茸。何期集楩楠，遂令燦珩珙。高會盟晋齊，兼才得蜀隴。酒痕衣淋漓，墨瀋案清溶。放狂謝羈纆，脱略笑拘桊。逸韻有流傳，得法在嫡冢。公等抽繭絲，我獨困蠶蛹。九萬鵬應搏，一足夔亦踊。蝸舍老藏身，鳳巢看養氄。蕩蕩天門開，坦坦大道甬。漢上且題襟，人海行洶洶。

平山堂　程夢星

歐公到處爲齋堂，揚州結構依蜀岡。政清俗化有餘暇，簿書不亂防清狂。[6]眼前突兀非舊屋，興頽舉廢無時荒。詩詞下筆妙一世，和者傑手皆蘇王。至今文士勝游集，春秋排日提壺觴。四方過客偶信宿，好名亦必停游繮。雄樓傑閣滿天地，斯堂不與衡低昂。山平水遠妙藴藉，略如歐老行文章。南徐北固隔鄉縣，憑君眼力收江光。夷陵畫舫更何所，倚闌懷古山風凉。

議復保障湖舊迹　程夢星

誅茅近蜀岡，東枕長湖曲。每苦葑草繁，頗礙鷗鷺浴。昔聞北湖水，淪漣千頃足。豈惟利灌溉，荷芰供游目。自種青泥芹，遂令沙嶼促。販夫競刀錐，勝迹未易復。憑誰挽清波，貯此呀然腹。小艇時一來，高吟倚修竹。

蜀岡尋古迹　程夢星

曉上崑岡日暮還，試披荆莽共躋攀。文章難問歐蘇外，政學猶追胡范間。剩有濁河東注水，誰知蒙谷舊傳山。叢祠古刹無人到，更剔殘碑積蘚斑。

游平山堂　查祥

耳熟堂名識面初，平生來往嘆粗疏。山隨江遠皆如俯，地以人傳信不虚。有客尚能知載月，因公兼欲想環滁。名區往往多僧占，碑碣聞從洗剔餘。

寄題蓮性寺東園　蔣溥

遥聞賀監最風流，吟遍蕪城寺寺樓。楊柳陰濃忘溽暑，芙蓉艷發采清秋。百城豈獨圖書富，三徑還從求仲游。我亦江南憑眺久，何當問訊到林邱。

冬日登平山堂和王阮亭先生韻　張湄

紅橋柳老葉墜霜，巢烏啞啞啼朝陽。蜀岡西望竦層構，繚白縈青天一方。萬株松翠罨微徑，木魚響出林中堂。廬陵題字無恙在，蛟龍盤鬱雲烟蒼。我來雖逢黄落後，水石明秀堪相羊。第五泉亭坐瀹茗，閑呼野叟談柴桑。江南諸山紛到眼，長流天塹鳴湯湯。歷劫猶新六朝寺，刹竿森立旗飄揚。更倚高樓眺直北，遠帆如鳥墮渺茫。眉山淮海久寂寞，但有陳迹留篇章。白頭懷舊心菀結，安能復鬥詩力强。寒凝磵壑日色澹，古梅籬下枝低昂。絶憐蕪城憔悴客，歲晏不得停征裝。

游蓮性寺東園贈賀吴村二首　朱星渚

保障河上擁林巒，闌檻多憑次第安。已慣乘船似騎馬，雅能結宇待驂鸞。有祠，有閣，皆仙界也。屏風峙後容徐歷，鏡面當前許縱看。直把君家湖一曲，移來此地共盤桓。

歌吹紛紛鎮日忙，更誰買地闢閑堂。幽偏好傍千花塔，曲折多巡百步廊。得氣蘢葱撑老樹，捎雲青翠挺新篁。游船徑過長凝望，占取風流在上方。

揚州東園　屈復

東園聯舊約，游理自無邊。寺隔琅玕曲，風清玉樹前。閑吟尋至味，烹茗汲新泉。忽聽西鄰磬，花間落晚烟。

寒食前五日泛舟紅橋二首　陳撰

嬉春原不厭纏綿，况是皴雲嫩日天。憶得故園春信早，淡紅香白過湖船。

緑蕪烟冷畫橋空，一夜春聲入雨中。百六已臨寒食近，桃花吹轉杜鵑風。

曉上平山堂　周師周

萬松亭畔古秋壇，石磴高低露未干。一氣早分花界白，六時初下日車寒。岡連巴蜀傳疑久，人到歐蘇繼起難。指點隔江山色近，臨風懷古涕汍瀾。

平山堂　汪從晋

載酒郊原作勝游，蜀岡放眼恰逢秋。平湖荷蓋香浮岸，入耳松濤風滿樓。明月二分招舊雨，遥山一桁豁閑愁。古泉新鬭桐陰下，多少茶甘舌本留。

同程友聲紅橋夜泛　厲鶚

月黑水深荷葉路，凉螢無數繞船飛。與君今夜紅橋酒，不負揚州白苧衣。

四月十八日同人泛舟紅橋登平山堂送全紹衣入京　厲鶚

邗溝夏水漲，城陰積深翠。酒舫壓草痕，經年還一至。故人四明客,含香識名字。太學待何蕃,少年推賈誼。合并有同岑,縶維情莫比。來聽郭公啼,暫爲鰣魚醉。人生赴功名,時乎偶然遂。壯觀留長吟,自足千古意。西上陟蜀岡,新亭亦佳致。歐公遺構在,清氣激松吹。歷茅司徒廟,眺謝司空寺。凉雲遞疏鐘,平楚碧無次。離愁生其間,紛來不可避。惟願追前修,遠轡從此始。

程洴江編修招集篠園水亭分韻　厲鶚

虚亭俯烟渚,客到眼初明。沙柳侵天影,風蒲學水聲。醉宜摇棹去,詩向倚闌成。地主饒幽興,流連待月生。

茅司徒廟迎送神辭　并序　厲鶚

廣陵蜀岡平山堂畔,有茅司徒廟。相傳神五人,茅、許、蔣、祝、吴其姓也,茅名勝,异姓約爲兄弟。過溪旁,見一嫗,共母事之。嫗爲虎食,五人奮力殺虎,地自是絶虎患。予案:《南史》梁王琳爲陳將吴明徹所殺,故吏朱瑒等請於陳徐陵,還其首,葬八公山側,尋有揚州茅智勝等五人密送喪柩達于鄴。《通鑑》揚州作壽陽,是時以壽陽爲揚州也。琳舉兵平侯景,遭時多故,閑關异國,欲以存梁而卒死于戰。五人非親故,能送其喪柩還齊,誠義士哉!當時江淮間思而祀之。隋封司徒,廣陵之廟最著者,以宋紹定中有陰殲李全功也。母嫗事近不經,驅虎之説或有之。韓江雅集同人爲迎送神辭,分得此題,因爲辨證如左,使事神者有考焉。

絙弦兮鼓籠銅,飛雨兮江岫東。戈彗野兮旗焰空,神之從兮建寧公。青林兮望篝火,於菟兮弭道左。八公山側兮三臺下,雲車未來兮我心苦。斗野平兮烟冪冪,佇連蜷兮夜吹笛。殪新塘兮鋭頭兒,回風颯兮降毅姿。福我氓兮大有,曷報之兮昔酒。神醉止兮歸無方,淮月升兮明古柳。

五烈祠　厲鶚

斜日陟崇岡,新構麗丹雘。江光屋角明,松色檐際落。緬彼五貞媛，下里質婉弱。既靡傅姆訓，鮮習公宫約。松心生本直，大義肯偷薄。池女未結褵，良人事邊柝。鐵衣爲國殤，聞秏正驚愕。高堂昧倫常，妄議動媒妁。雁影誓不移，雉經死非錯。皎皎冰雪姿，同心實維霍。知名甫及旬，已定終身托。比翼拆鴛鴦，秀頸付干鏌。曰裔事更奇，威姑污帷箔。從以二女叔，倚市争笑謔。素絲豈易緇，良玉寧受灼。縫紉到袿裾，畢命赴冥漠。更有二女宗，秉心最端恪。柔順事賢夫，箕帚自操作。或招蠻溪魂，或化華表鶴。決然殉幽泉，相見面無怍。維風激義舉，買地費私槖。築祠倚平山，下窔開翠壑。馬鬣勢巃嵸，烏頭儼飛躍。野媪薦蘋藻，頓巫喧鼓籥。巾幗有如此，鬚眉徒自襮。回風溪雨來，靈旗下紛若。

項越莊招同潘秋田陳東麓張南漪家蘭谷泛舟紅橋至平山堂納凉晚歸　施安

出郭小艇如泛鳧，屈曲遠見紅闌紆。風輕亂颭水楊柳，橋轉忽刺青菰蒲。名山可許三宿戀，老僧猶話六朝無。松聲大可滌煩暑，坐看夕景明烟蕪。

萬松亭　吴可馴

游塵不可浣，長嘯入青靄。穿林露滴衣，風引到深隘。誰歟繕孤亭，側影儼張蓋。仰攀雲陰低，俯見江流大。殘鐘裊林杪，一鳥白霞外。曠懷得舒寫，似荼破昏昧。選勝未有定，坐領此爲最。晚風作溪喧，但想漱寒瀨。

夏日游平山堂遇雨　陳章

片雲隨竹輿，客到雨亦到。平疇失百里，虚堂淒四隩。風雷憐檢束，揮霍資嘯傲。點急濺成珠，溜猛并作瀑。同游半吴儂，蠶麥計豐秏。符欲畫丙丁，術復占裨竈。篁繭憶嚴陵，烟波思陸瑁。變换不逾時，煩溽盡如掃。陶陶孟夏交，寂寂靈境造。移樽睇新樹，緑色引前導。斜暉靄松門，殘滴濕藤帽。山出江氣低，池净天容倒。林清獨鳥翔，塘白群蛙噪。物理静自悟，樂極防生懊。歸途積潦横，相與慎所蹈。

祝荔亭招同高西唐厲樊榭泛舟紅橋登平山堂　陳章

祝君隱微官，胸中飽書味。瀟灑藍田丞，酸寒溧陽尉。春愁知我若連環，呼船載酒蕪城灣。羅袖飄香帘影動，墻花吹雪園扉關。總是羈人歸未得，但可登望江南山。江南山色時近遠，晴波浮動江波暖。嫣然如笑静女容，影落尊前紅玉盌。回舟眺望青松林，一抹餘霞半遮斷。星光高映柳條疏，水紋細織蘆芽短。寒食清明次第來，默默鄉心誰爲管。木腸最有高隱君，已卧長瓶猶飲滿。

平山堂秋望　陳章

堂開集秋氣，舄下見平原。雲薄横昆軸，山青淡海門。鐘鳴人自寂，木落鳥隨翻。欲慰蕭條目，翻成憶故園。

初冬嶰谷招游平山堂　陳章

拘檢易爲樂，堂空眼界寬。平林生遠岫，高檻入初寒。鐘動塵襟寂，秋成野意歡。風吹池上影，白水憶漁竿。

獨游紅橋　陳章

荒凉北郭外，野步愛晴泥。買醉過橋去，吟詩到日西。晚鴉楊樹壠，寒蝶菊花畦。適意還忘我，浮名米一稊。

上元日游平山堂晚歸　陳章

别户登臨出梵宫，看山雙眼盡於東。孤游且負當杯手，小住偏多弄袖風。野鶴立依春水動，疏梅點向晚天空。歸途擬踏今宵月，不要星球照路紅。

重浚保障湖　陳章

舉臿如雲集水工，五塘分溜百泉通。莫言開浚無多地，也有星辰應斃東。一條新展碧玻璃，萍葉初生荇始齊。簫鼓畫船都未放，最先拍拍最鳧鷖。

上元後一夕南圻招游平山堂看月四首　符曾

平山堂下月中行，泉水梅花分外清。可惜游人盡歸去，祇將弦管肆春城。

一痕烟抹春山碧，半嶺聲回晚寺鐘。此境自佳須會得，醒人寒吹有風松。

見説山行不待呼，帽檐花壓笑胡盧。風情未許消磨盡，還有春愁到客無。

清游最愛是煎茶，手汲春泉試露芽。舌本可能知水味，風爐記取玉川家。

秋日放舟紅橋小飲　王藻

明流曲折樹侵堤，小棹疏帘畫榼携。紅略彴低船緩進，玉參差歇草長萋。池塘衰柳雌雄燕，籬落秋花子母鷄。薄飲微醺歸路晚，一天凉露下蓮西。

紅橋秋禊詞四首　王藻

十三樓畔問扁舟，硯具隨身出郭游。柳黛荷纕漸蕭瑟，紅橋風物入新秋。

風約蓮香度碧潯，木瓜酒醴過花斟。一聲鄰舫飄歌版，唤起青騰十載心。

兩岸人家夕鏡涵，水邊籬落見江南。女葵未斂牽牛放，一種微黄映淺藍。

日落岡巒翠漸微，水昏烟淡畫船歸。晚風乍起衣香散，便有凉螢幾個飛。

平山堂秋望　馬曰琯

前賢遺躅地，風韻至今留。剩有寒泉冽，空餘梧葉秋。江澄三面繞，山遠一樓收。冉冉斜陽下，鐘魚起客愁。

夏日集篠園　馬曰琯

時候黄梅近，林亭宿雨晴。早荷争水出，晚笋上階生。雲影過橋斷，茶聲隔院清。可憐城市客，無復此閑情。

東園春雨堂　馬曰琯

紅橋橋畔足烟蘿，一代繁華付逝波。如此春光如此雨，竹西今日已無多。

秋日篠園分韻　汪玉樞

爽氣豁林巒，連鑣出城郭。沿溪詣篠園，熟游徑不錯。隔墻叢桂花，迎人香漠漠。泠翠穿修林，濃陰繞山閣。肅景值晴暄，商飆轉蕭索。籬菊未敷榮，庭柯半摇落。華滋獨小山，清芬燦繁萼。且住即吾廬，一餉亦有托。昨非事趨迎，今乃解纏縛。薄醉耽清幽，聯吟破寂寞。少焉明月生，逍遥共斯樂。

南園池上十二韻　汪玉樞

背郭溪流静，閑園傍佛幢。築堤因種柳，鑿沼爲通江。雲影經秋薄，潮聲到曉淙。平橋低似凳，虚閣窄於艭。苔色常侵壁，山光遠入窗。徑非騎馬路，門有繫船樁。林杪栖幽鳥，籬根卧小尨。高歌多漫興，短笛任無腔。就石安茶竈，看花倒酒缸。耽吟聊自適，鬥飲幾曾降。漁艇烟汀集，僧鐘野寺撞。落霞天欲暮，鷗鷺去來雙。

上元後一夕南圻招游平山堂看月二首　汪玉樞

游人去後倚平闌，闌外金波萬頃寒。不是探梅乘夜至，滿枝香月讓誰看。

滿城燈火一年新，偏愛虚堂寂寞春。山月江風最無賴，故應清境屬閑人。

平山堂秋望　吴家龍

憑高極目正秋空，江北江南一望通。香稻晚肥霜籪蟹，殘砧寒急暮天鴻。廣陵濤涌思枚叔，招隱山深憶戴公。此日登臨更懷古，幾行衰柳夕陽中。

自浙西歸里登平山堂　吴家龍

越水吴山幾逗留，歸來重眺蜀岡秋。青泉碧樹都如舊，只有游人已白頭。賢名千載仰文忠，何幸蕪城得兩公。天末會稽還在望，自慚庸吏拜清風。

上元後一夕南圻招游平山堂看月二首　洪振珂

乘興春宵結隊游，泉聲穿澗瀉清幽。引人最有娟娟月，吟上烟中古寺樓。

月浸花光水浸臺，遍開池館步蒼苔。微風莫縐寒潭色，要看松篁倒影來。

上元後一夕招同人游平山堂看月二首　陸鐘輝

玲瓏松影畫圖間，清磬傳聲入耳閑。佛火龕明山院静，破禪人至啓禪關。

歷亂寒香散久曛，倚闌如雪繞闌雲。林中清唳不知處，鶴與梅花淡不分。

秋夜宴平山堂　祝應端

愛客開嘉宴，風清氣爽天。杜苞初見坼，山月未全圓。紅燭夜宜醉，白頭秋可憐。名園絲竹歇，高咏獨翛然。

平山堂　許濱

足可登臨散客愁，不妨洗屐數來游。泉香汲井澹如雪，山色隔江平到樓。已少龍蛇遺舊迹，但餘楊柳尚禁秋。文章知己歐蘇後，試問人能繼此不。

蓮性寺東園作　朱禾

上上平山堂，中途須小憩。清波一間之，微覺陂陀异。香車得得畫船撑，次第經過水際亭。爛熳鶯花看不足，流連歌吹有時停。是間名勝堪游覽，尋常不可無闌檻。賴有河汾風雅人，分林割地加烘染。飛軒窈窕修廊通，疑留佳月延清風。山石犖确高梧桐，繁花長蔓紛青紅。新篁横發似碧玉，老樹拿攫如虬龍。游人縱目開心胸，隔江一桁陳千峰。上方傑閣群真宫，鳳鸞往往來長空。定然過訪六一翁，参同契旨合易論。仙宗大約同儒宗，淮南桂樹香叢叢。主人燕集多勝概，我亦欣然淹客踪。

八月十六夜平山堂待月　釋行吉

昨夜月上遲，初更猶未吐。今宵繼歡宴，澄懷瞻玉宇。泛泛雲無心，沉沉山欲雨。空此一樽傾，徘徊步深廡。孤蟹泣野草，斷雁掠遠浦。軋軋莎鷄鳴，點點殘螢舞。荒原照鬼火，孤村響戍鼓。秋聲獵疏栝，夜色暗林莽。張琴不復彈，逡巡出倚户。非無驚人句，意敗那復取。造物吝奇賞，不與此快睹。莫益吟情豪，轉增俗目瞽。蕭蕭罷良晤，愴愴空懷古。豈待高興闌，翻來挂環堵。

【校勘記】

［1］賞奇玩：乾隆三十年本、光緒九年本、光緒二十一年本均作“賞奇玩”，天保十四年本作“齊偉觀”。

［2］鄙：乾隆三十年本、光緒九年本、光緒二十一年本均作“鄙”，天保十四年本作“湖”。

［3］翩翩：乾隆三十年本、光緒九年本、光緒二十一年本均作“翩翩”，天保十四年本作“翰墨”。

［4］諉：乾隆三十年本、光緒九年本、光緒二十一年本均作“諉”，天保十四年本作“誘”。

［5］塞：乾隆三十年本、光緒九年本、光緒二十一年本均作“塞”，天保十四年本作“兹”。

［6］防：乾隆三十年本、光緒九年本、光緒二十一年本均作“防”，天保十四年本作“妨”。

平山堂圖志卷第七　藝文五

詩餘

宋

朝中措　平山堂　歐陽修

平山闌檻倚晴空，山色有無中。手種堂前楊柳，[1]别來幾度春風。　文章太守，揮毫萬字，一飲千鐘。行樂直須年少，尊前看取衰翁。

西江月　平山堂　蘇軾

三過平山堂下，半生彈指聲中。十年不見老仙翁，壁上龍蛇飛動。　欲吊文章太守，仍歌楊柳春風。休言萬事轉頭空，未轉頭時皆夢。

菩薩蠻　淹泊平山堂，寒食節，固陵録事參軍表弟周元固惠酒，爲作此詞　黄庭堅

細腰宫外清明雨，雲陽臺上烟如縷。雲雨暗巫山，流人殊未還。　阿誰知此意，解遣雙壺至。不是白頭新，周郎舊可人。

八聲甘州　揚州次韻，和東坡錢塘作　晁補之

謂東坡未老賦歸來，天未遣公歸。向西湖兩處，秋波一種，飛靄澄輝。又擁竹西歌吹，僧老木蘭非。一笑千秋事，浮世危機。　應倚平山欄檻，是醉翁飲處，江雨霏霏。送孤鴻相接，今古眼中稀。念平

生，相從江海。任飄蓬，不遣此心違。登臨事，更何須惜，吹帽淋衣。

虞美人　向子諲

去年雪滿長安樹，望斷揚州路。今年看雪在揚州，人在蓬萊深處，若爲愁。　　而今不恨伊相誤，自恨來何暮。平山堂下舊嬉游，只有舞春楊柳，自風流。

水調歌頭　平山堂用東坡韻　方岳

秋雨一何碧，山色倚晴空。江南江北愁思，分付酒螺紅。蘆葉篷舟千里，菰菜蒓羹一夢，無語寄歸鴻。醉眼渺河洛，遺恨夕陽中。　　蘋洲外，山欲暝，斂眉峰。人間俯仰陳迹，嘆息兩仙翁。不見當時楊柳，只是從前烟雨，磨滅幾英雄。天地一孤嘯，匹馬又西風。

朝中措　平山堂和歐公韻　沈端節

天遥野闊雁書，空山遠暮雲中。目斷江南烟雨，間來攲枕松風。　　功名富貴，何須計較，烟際疏鐘。解道淡妝濃抹，從來惟有坡翁。

絳都春　次韻趙西里游平山堂　張榘

平山老柳，寄多少勝游，春愁詩瘦。萬疊翠屏，一抹江烟渾如舊。晴空欄檻今何有，寂寞文章身後。唤回奇事，青油上客，放懷樽酒。　　知否，全淮萬里，羽書静、草緑長亭津堠。小隊出郊，花底賡酬閑時候。和薰幰幕垂春晝，坐看蓉池波皺。主賓同會風雲，盛名可久。

朝中措　平山堂次歐公韻　張榘

誰云萬事轉頭空，春寓不言中。底問垂楊在否，年年一度東風。　　憑高慨古，英雄亦泪，我輩情鍾。事業正須老手，清吟留與山翁。

好事近　九日，登平山，和王帥幹應奎　張榘

素壁走龍蛇，難覓醉翁真迹。惟有斷岡衰草，是幾番經歷。紫萸黄菊又西風，同作携壺客。清興未闌歸去，負晴空明月。

摸魚兒　九日，登平山堂，和趙子固帥機　張榘

望神京，目斷烟草，青天長劍頻倚。香街十里珠帘月，空想當年華麗。堪嘆處，沙靄蒹葭，咿軋雁聲起，平山謾記。悵楊柳春風，晴空欄檻，陳迹總非是。　重陽好，紅葉黄華滿地，良辰美景如此。青油幕府傳芳舉，苒苒露濃花氣。還更喜，看玉闕規恢，笑騁伊吾志，塵清北冀。便向關洛聯鑣，巍巍冠佩，麟閣畫圖裏。

唐多令　九日，登平山堂，和朱帥幹　張榘

斜日淡無烟，重陽又一年。悵垂楊、幾度飛綿。只把晴空山色看，多少恨，倩誰箋。　沙靄暗中原，枕戈誰夜眠。儘今宵、且醉花邊。準擬來秋天氣好，重把菊，嗅芳妍。

元

臨江仙　和元遺山題揚州平山堂　王奕

二十四橋明月好，暮年方到揚州。鶴飛仙去總成休。襄陽風笛急，何事付悠悠。　幾闋平山堂上酒，夕陽還照邊樓。不堪風景重回頭。淮南新棗熟，應不説防秋。

國　朝

朝中措[①]　平山堂　王士禛

平山堂外又東風，寒食柳濛濛。欲訪歐公何處，寒烟暮靄連

① 據本卷毛奇齡《朝中措·平山堂次歐公韻有序》詞牌名及詞序内容可知，康熙十三年(1674)冬，金鎮復修平山堂完成并招集諸文士宴集，王士禛等人都參加宴集并以歐陽修《朝中措》爲題賦詩。

空。　仙翁已遠，髯公復去，文筆誰公。南望金焦兩點，江天依舊飛鴻。

浣溪沙二首　紅橋懷古　王士禛

白鳥朱荷引畫橈，垂楊影裏見紅橋，欲尋往事已魂消。　遥指平山山外路，斷鴻無數水迢迢，新愁分付廣陵潮。

緑樹横塘第幾家，曲闌干外卓金車，渠儂獨浣越溪沙。　浦口雨來虹斷續，橋邊人醉月横斜，棹歌聲裏采菱花。

朝中措[①]　平山堂次歐公韻　陸求可

江山環繞野堂空，一望兩眸中。仰止歐陽遺迹，千秋誰繼高風。　竹林消暑，荷香過雨，紅袖金鐘。來往扁舟載月，忘機好狎漁翁。

朝中措[②]　平山堂次歐公韻　程康莊

平山晴色繪秋空，雲影大江中。昔日遺蹤何處，只餘白草悲風。　踟躕四顧，荒城落照，破寺疏鐘。風物向南差勝，江湖却羨漁翁。

朝中措[③]　平山堂宴集　吴山濤

登臨酹酒散花驄，高閣上盤空。指點江山幾處，斜陽雨外猶

---

① 據本卷毛奇齡《朝中措・平山堂次歐公韻有序》詞牌名及詞序内容可知，康熙十三年(1674)冬，金鎮復修平山堂完成并招集諸文士宴集，陸求可等人都參加宴集并以歐陽修《朝中措》爲題賦詩。

② 據本卷毛奇齡《朝中措・平山堂次歐公韻有序》詞牌名及詞序内容可知，康熙十三年(1674)冬，金鎮復修平山堂完成并招集諸文士宴集，程康莊等人都參加宴集并以歐陽修《朝中措》爲題賦詩。

③ 據本卷毛奇齡《朝中措・平山堂次歐公韻有序》詞牌名及詞序内容可知，康熙十三年(1674)冬，金鎮復修平山堂完成并招集諸文士宴集，吴山濤等人都參加宴集并以歐陽修《朝中措》爲題賦詩。

紅。　　瓊筵醉客，掞天麗藻，競道吾公。水部分司太守，千秋絶調同風。

江月晃重山　平山堂　吴綺

萬朵芙蓉曉日，幾年楊柳春風。簪花行酒望江東。人争羡，六一有高踪。　　壁上龍蛇已往，檻前鷗鷺相從。倚欄長嘯憶仙翁。雕檐外，千丈海雲紅。

朝中措[①]　平山堂次歐公韻　金鎮

烽烟鐘磬總成空，往事夕陽中。重構雕甍畫檻，還他明月清風。　　廬陵杳邈，千年此地，精爽猶鐘。留我名山片席，迭教做主人翁。

揚州慢　重建平山堂落成　金鎮

碑洗莓苔，僧移鐘磬，巍堂重創岩椒。與醉翁坡老，千載締神交。最喜是，才捐鶴俸，競勸鳩工，便插丹霄。把廬陵，重付揚人，俎豆休祧。　　流徽餘韻，夙平生，仰止山高。愛花種無雙，泉名第五，共鬥清標。朱栱碧欄之外，雙峰隱，對峙金焦。望環滁不遠，往來風旆雲軺。

東風第一枝　上巳，[②]平山堂宴集，送南溪學士入都和韻[③]　汪懋麟

蝶舞花殘，鶯飛草長，春愁此會都亂。騁懷六一堂邊，高會五泉亭畔。佳辰修禊，更興感，萍分蓬斷。趁今朝，尊酒花前，明日河橋柳岸。　　京洛下，舊游總换，長樂外，曉鐘遠唤。名卿半在公門，好褰

---

① 據本卷毛奇齡《朝中措・平山堂次歐公韻有序》詞牌名及詞序内容可知，康熙十三年(1674)冬，金鎮復修平山堂完成，金鎮招集諸文士宴集并以歐陽修《朝中措》爲題賦詩。

② 《汪懋麟年譜》記載："(清聖祖康熙十三年甲寅)，三月……上巳，宴集平山堂，送曹爾堪入都。"由此可知，此文當作于康熙十三年(1674)三月初三。

③ 南溪學士：即曹爾堪。

後堂絳幔。君王市駿，誰得似，飛龍血汗。問蒼生，宣室重開，應嘆老成無伴。

念奴嬌　小春，紅橋宴集，同限一屋韻，時有魚校書在坐[①]　陳維崧

霜紅露白，借城南佳處，一湌秋菊。更值群公聯袂到，夾巷雕鞍綉軸。一抹紅霞，二分明月，此景揚州獨。揮杯自笑，吾生長是碌碌。　且喜絶代娥媌，元機娣姒，更風姿妍淑。惱亂雲鬟多刺史，何况閑愁似僕。小逗琴心，輕翻帘額，一任顛毛秃。倚欄吟眺，雲鱗噴起如屋。

朝中措[②]　平山堂次歐公韻有序　毛奇齡

揚州平山堂傾廢久矣。康熙甲寅冬十月，[③]予過揚州，值太守金公從古處重建，命予以酒，且勒歐陽公《朝中措》原詞，使座客續其後。予思歐公贈劉原父詩時，平山闌檻方盛，猶然眷念手植，若有感于春風之易度者，况距公千載而興是堂，其藉于世之爲原父者豈鮮也！因被醉書此詞，附坐客後。

青山猶在畫闌空，人去夕陽中。不道十年重到，還披此地清風。　蜀岡無恙，堂成命酒，一聽歌鐘。未識後來太守，是誰能繼仙翁。

長相思　紅橋尋歌者沈西　朱彝尊

石橋西，板橋西，遥指平山日未西。舟來蓮葉西。　人東西，

---

① 《王士禛年譜(附王士禄年譜)》記載："康熙五年丙午(一六六六)，先生(王士禄)年四十一歲……三月，復游揚州，與古人孫無言默、王築夫巖、雷伯籲士俊、杜于皇濬、孫豹人枝蔚、程穆倩、陳散木世祥、宗梅岑元鼎、陳其年維崧、鄧孝威漢儀、王幼華又旦、汪蛟門懋麟、吴野人嘉紀、汪舟次楫、孫介夫金礪輩，數數游宴平山、紅橋間。"另外，《程昆侖先生詩文集・附録三〈廣陵唱和詞〉(瑯琊王士禄西樵撰)》收録有王士禄撰《念奴嬌》，該詞詞序記載"小春，紅橋宴集，同限一屋韻，時有魚校書在坐。"由此可知，該詞寫于康熙五年(1666)三月。

② 據詞序内容可知，康熙十三年(1674)冬，金鎮復修平山堂完成，金鎮招集諸文士宴集并以歐陽修《朝中措》爲題賦詩，毛奇齡也參加了此次宴集并作詞。

③ 康熙甲寅：康熙十三年(1674)。

水東西，十里歌聲起竹西。西施更在西。

賣花聲　**紅橋後游寄懷周翰柯**　朱彝尊

雁齒小紅橋，惟以招邀，一渠春水柳千條。正是江南好風景，烟月迢迢。　　孤夢楚山遥，各自無聊，玉人何處教吹簫。客路不歸秋又晚，木落蕭蕭。

揚州慢　**平山堂寫懷**　李符

蘭若荒凉，竹籬迢逓，引人幾點疏鐘。遶堂前好景，都藉隔江峰，醉翁後，誰爲種柳，眼邊空澗，狂殺西風。是何村，老樹霜凋，忽墮輕紅。　　揮毫萬字，定沉埋、蔓草烟中。但有地登臨，便携雙屐，莫問西東。况去吾廬未遠，紅橋路、不算萍踪。奈方淮還遠，榜人催上烏篷。

念奴嬌　**小春，紅橋陪王西樵先生及諸公宴集，同限一屋韻①**　宗元鼎

廣陵烟暖，逗陽春十月，偏嬌絲竹。北郭亭臺風日好，曲檻回廊小屋。客盛芙蓉，才推吏部，依約寒塘緑。人分八韻，烏絲細寫盈幅。　　况有買恨王孫，價高香甚，憨愛筵前玉。縱飲千杯休惜醉，莫負酒濃茶熟。一曲清歌，半篙流水，畫舫歸相續。暮鴉又散，岡頭月照林麓。

水調歌頭　**聞趙恒夫榷使平山堂宴集，遥賦一調却寄**　唐彦暉

九月秋容好，紅樹映芳洲。崇臺傑閣平山，高處恣遨游。聞道使

---

① 《王士禛年譜(附王士禄年譜)》記載："康熙五年丙午(一六六六)，先生(王士禄)年四十一歲……三月，復游揚州，與古人孫無言默、王築夫巖、雷伯籲士俊、杜于皇濬、孫豹人枝蔚、程穆倩、陳散木世祥、宗梅岑元鼎、陳其年維崧、鄧孝威漢儀、王幼華又旦、汪蛟門懋麟、吴野人嘉紀、汪舟次楫、孫介夫金礪輩，數數游宴平山、紅橋間。"另外，《程昆侖先生詩文集・附録三〈廣陵唱和詞〉(瑯琊王士禄西樵撰)》收録有王士禄撰《念奴嬌》，改詞詞序記載"小春，紅橋宴集，同限一屋韻，時有魚校書在坐。"由此可知，該詞寫于康熙五年(1666)三月。

君開宴，還似歐公召客，四座盡風流。遥想登臨日，高會比丹邱。　　紅氍布，侯鯖設，玉蛆浮。金樽檀板，霓裳疊舞不知愁。妝點滿城風景，招集一時騷雅，珠玉百篇酬。歌吹竹西地，千古説揚州。

山花子　平山堂即事　羅坤

天氣濃酣水碧藍，紅橋新柳緑毿毿。畫舫誰人歌法曲，訝何戡。　　芳草平山山下路，廣陵小女藕絲衫。指點遥山烟淡處，是江南。

雙調望江南　楊柳風上平山堂作　宗之瑾

平山柳，春晚碧烟籠。爲憶歐公曾手種，别來還舞舊東風，可與昔年同。　　重眺望，獨立盼斜暉。油壁車停芳草外，玉簫聲歇畫船歸，好景尚依稀。

滿庭芳　登平山堂　汪文柏

回合山岡，參差竹樹，憑闌佳景全收。高賢結構，壯麗甲他州。堂外垂楊手植，春風裏，金縷輕柔。今何在，空教指點，六一舊風流。　　三庚停皂蓋，藕花折取，紅袖行籌。漸歸來酩酊，弄月乘舟。我欲摩挲短碣，空漫漶，難覓銀鈎。低徊久，夕陽西下，漁唱起程溝。[2]

點絳唇　紅橋　沈岸登

紅板橋頭，酒旗摇曳花村裏。緑楊如薺，兩岸疏籬綴。　　羅袖生凉，帘影荷花細。清歌起，半篙秋水，一抹平山翠。

偷聲木蘭花　紅橋即事　鄭祇謨

緑楊城外平山路，五里香塵消暖霧。水碧迢迢，溪北溪南出畫橋。　　酒旗閑向青陰捲，黄鳥一雙籬外囀。堤畔人家，風細秋千影半斜。

望江南　平山堂　王式丹

揚州樂,寒色滿平山。檻外烟銷千嶺出,溪頭風定一舟還。長嘯動江關。

齊天樂　春日集平山堂　程夢星

趁晴才問平岡路,冷烟亂雲新掃。樹不遮樓,鐘偏渡水,僧亦喜人頻到。高堂遠眺,記風引泉聲,月移琴調。幾度閑吟,又隨松徑下殘照。　誰留真賞似昔,嘆仙翁已去,空憶坡老。比部詞工,漁洋名重,當日清游頓杳。春寒料峭,更我輩登臨,一時憑吊。只有山光,向人青自好。

湘月　丁巳仲冬,程仰山招同馬貽仙、汪學軒、攻石、許江門、卞衡平泛舟紅橋,徒步平山堂,小憩。余滯遥旅,人不到此三年矣。兹游樂甚,譜詞紀勝,且嘆良會之非偶然耳　江炳炎

廿年舊友,恰重逢,快比搏沙相聚。緩泛扁舟,過多少,照水人家窗户。敗葉聲乾,斜陽影瘦,慣伴寒鴉語。紅橋目極,冷雲閑似堆絮。　乘興曳杖平山,依稀猶記,得臨歧村路。丹碧參差,最好是,松裏層層佛宇。拂石題名,銜風暖酒,只怕傷離緒。者番弦合,肯教容易歸去。

龍山會　重九日,同馬相如、黎渭北、許江門、雷寄堂、汪緑野、友帘、攻石平山堂宴集　江炳炎

旅况逢佳節,約伴升高,暮氣浮帘額。憑闌剛落日,露幾點,隱隱遥岑橫碧。懷古最關情,指楊柳,當年秋色。拂殘碑,苔侵斷字,邈焉陳迹。　空留野鳥遺音,唤雨啼風,往事都狼籍。人生真過客,游衍處,好景應須珍惜。莫放酒杯寬,趁今夜,凉蟾初白。問何如,東籬寄傲,折腰彭澤。

采桑子　晚秋，同程松門泛舟紅橋，登平山堂　厲鶚

重陽過也成虚負，賴有詩仙，肯作延緣，人與黄花共一船。沿堤轉盡垂楊路，水影橋邊，山影樽前，畫出傷秋雨後天。

湘月　小春，泛舟紅橋　厲鶚

客游未懶，記名園水鑰，誰與重叩，淡寫霜痕，愛到處，吹盡尋常歌酒。斷溆通烟，疏籬借暖，尚挂微黄柳。移船遥去，照人都爲詩瘦。　何地更著功名，天教老子，付垂綸閑手。細數闌干，問往事，春共横波争秀。亂影風燈，催歸晚笛，眷此情依舊。城頭生月，作成鄉思時候。

木蘭花慢　九月霜晴，約西唐、巢林游平山堂　陳章

支笻初病起，養閑意，斷塵勞。看户闔清秋，院荒寒薜，樹挾奔濤。華軒定無過客，趁晴光，粉蝶一雙高。剥蟹先留指甲，簪萸羞照顛毛。　城濠緑漲蒲萄，思釣艇，想蘭皋。共倚檻，看山穿松覓路，况近題糕。故人未知閑否，倘能閑，好句屬吾曹。莫待風風雨雨，坐嘆門柳蕭騷。

梅花引　冬日，坐平山堂池上，與敏修開士　陳章

緑萍池上緑楊風，有鶯翁，有鳧翁。睍睆浮游，都在落花中。拖屐再來光景换，夕飆緊，噪群鴉，聽晚鐘。　晚鐘晚鐘隔疏鬆，橋半弓，月半弓。坐也坐也，坐傍著，梅樹玲瓏。僧語如雲，笑指一枝笻。約我粗酬身事了，訪雪竇，問天台，更海峰。

齊天樂　春日集平山堂　陳章

淮東此是吟詩地，闌干下臨平楚。一抹山光，雙懸塔影，中隱清江如縷。春餘幾許，正緑翦烟蕪，紅吹雲樹。恰好嬉游，鵓鳩何事又

呼雨。　　龍蛇當日走壁，有風流歐九，應占千古。韻與堂高，人如酒白，燕子飛來能語。名泉酌取，待槐火新時，試烹花乳。去覓扁舟，月痕天際吐。

齊天樂　春日集平山堂　樓錡

啼鶯唤我登臨去，剛逢嫩晴時候。花落平堤，雲銷緑野，贏得憑闌呼酒。自憐客久，漫幾度清游，幾番搔首。慶曆風流，而今空問數枝柳。　　韶華漲事易换，[3]但烟巒不改，堂檻依舊。忍負閑情，儘舒倦眼，繚繞平林如綉。坐銷永晝，愛磬響松梢，泉分苔甃。欲叩棲靈，舊題還在否。

三臺　蓮性寺東園　沈雙承

記平山法海名勝，廣陵號稱雙絶。更紅橋，一帶柳如烟，繞溪水，園亭羅列。盡日裏，畫舫相欄截，東風裊裊，笙歌如沸。有多少，寶馬香車，消受此，烟花夜月。　　恨年來琳宫西去，金碧無端磨滅。只剩得，六一舊山堂，還自有，汪淪披拂。蓮臺重，眺望無光澤，誰肯向，昔時梵刹，爲净土，再鑿銅陵，并祇園，重開金穴。　　却誰知風流一老，依約四明狂客。傍楞迦，星宿耀文昌，裝點盡，一邱曲折。與山林，氣象全無别，問近日，誰能相匹。想從此，墮珥遺簪。是良辰，總無虚日。

【校勘記】

［1］楊柳：《歐陽修全集》卷一三一《詩餘卷一·朝中措》作“垂柳”。
［2］程：乾隆三十年本、光緒九年本、光緒二十一年本均作“程”，天保十四年本作“邗”。
［3］漲：乾隆三十年本、光緒九年本、光緒二十一年本均作“漲”，天保十四年本作“何”。

平山堂圖志卷第八　藝文六

記　一

宋

大明寺水記[1]　歐陽修

世傳陸羽《茶經》，其論水云："山水上，江水次，井水下。"又云："山水、乳泉、石池，漫流者上。瀑涌湍激，勿食，食久令人有頸疾。江水取去人遠者，井水取汲多者。"其説止於此，而未嘗品第天下之水味也。至張又新爲《煎茶水記》，始云劉伯芻謂水之宜茶者有七等，又載羽爲李季卿論水次第有二十種。今考二説，與羽《茶經》皆不合。羽謂山水上，而乳泉、石池又上，江水次，而井水下。伯芻以揚子江爲第一，惠山石泉爲第二，虎邱石井爲第三，丹陽寺井爲第四，揚州大明寺井水爲第五，而松江第六，淮水第七，與羽説相反。季卿所説二十水：廬山康王谷水第一，無錫惠山石泉第二，蘄州蘭溪石下水第三，扇子峽蝦蟆口水第四，虎邱寺井水第五，廬山招賢寺下方橋潭水第六，揚子江南澪水第七，洪州西山瀑布泉第八，桐柏淮源第九，廬州龍池山頂水第十，丹陽寺井第十一，揚州大明寺井第十二，漢江中澪水第十三，玉虚洞香溪水第十四，武關西水第十五，松江水第十六，天台千丈瀑布水第十七，郴州圓泉第十八，嚴陵灘水第十九，雪水第二十。如蝦蟆口水、西山瀑布、天台千丈瀑布，皆羽戒人勿食，食之生疾，其餘江水居山水上，井水居江水上，皆與《茶經》相反。疑羽不當二説以自异。使誠羽説何足信也，得非又新妄附益之耶。其説羽辨南澪岸水，特怪誕甚妄也。水味有美惡而已，欲舉天下之水一一而次第之者，妄説也。故其爲説，前後不同如此。然此井，爲水之美者也。羽之論水，惡渟浸而喜泉源，故井取多汲者，江雖長流，然衆水雜聚，故次山水。惟此説近物理云。

重修平山堂記　沈括

揚州常節制淮南十一郡之地，自淮南之西、大江之東南，至五嶺、蜀漢十一路，百州之遷徙，貿易之人往還，皆出其下。舟車南北，日夜灌輸京師者，居天下之七。雖選帥常用重人，而四方賓客之至者，語言面目不相誰何；終日環坐滿堂，而太守應决一府之事自若，往往亦不暇盡舉其職。不然，大敗不可復支，雖力足以自信，始皆不能近。謂之可治，卒亦必出於甚勞，然後能善其職。故凡州之燕賞享勞，太守之所游處起居，率皆有常處，不能以意有所揀擇，以爲賓客之歡。前守、今參政歐陽公爲揚州，始爲平山堂於北岡之上，時引客過之，皆天下豪雋有名之士。後之人樂慕而來者，不在於堂榭之間，而以其爲歐陽公之所爲也。由是平山之名盛聞天下。嘉祐八年，直史館丹陽刁公自工部郎中領府事，去歐陽公才十七年，而平山僅若有存者，皆朽爛剥漫，不可支撑。公至，逾年之後，悉撤而新之。凡工魁廪餼材藁之費，調用若干，皆公默計素定，一日指授其處。所以爲堂之壯麗者，無一物不足。又封其庭中以爲行春之臺，昔之樂聞平山之名而來者，今又將登此以博望遐觀。其清凉高爽，有不可以語傳者也。揚爲天下四方之衝，旦至乎此者，朝不知其往；朝至乎此者，夕不知其往。民視其上，若通道大途，相值偶語，一不快其意，則遠近掻摇謗喧，紛不可解。公於此時能使威令德澤洽於人心，政事大小無一物之失，而寄樂於山川草木虚閑曠快之境，人知得此足以爲樂，而不知其致此之爲難也。後之人登是堂，思公之所以樂，將有指碑以告者也。

九曲池新亭記　沈括

建隆元年，太祖親討李重進之亂，駐蹕於城北。時石守信破壁取重進，[2]重進以火死揚州。既歸從之，[3]即其地以爲原廟，天子歲五遣使獻祠，以家人之禮進于廟下，揚州刺史率其官屬月再朝焉。嘉祐八月，詔以直史館丹陽刁公守揚州，當淮南大水之後，民艱不支，歲籍不入。公以惠和慈仁，康集勞來，直心正身，修明百職，文武賓吏，各率其業，罔敢怠傲，民卒用寧，歲以大康。乃以吉日巡視宫廟，按垣揆室，曰："此上聖所以眷賜我邦，休有惠烈，實冒邦土，祠事弗虔，無以報稱，廢徹無所，神惠不歆。"於是墁甃丹髹，弊脱黯黣一新，以爲瑰麗宏潔。而又治其北垣蜀岡之淵，陊其故堂，博而新之，對峙二亭，臂張於前，木茂泉清，鳧雁與與，光氣上下，朝霏夕陰，浮動於檐櫨之間，而不知有荒榛斷蔓之可悲也。治平二年二月之晦，工徒告休，公將勞成于是，屬其參軍事沈某考詞於碑，而繼之以詩曰：

昔在建隆，天子有征。環揚有師，盗不敢膺。體磔肩分，孰爲股肱。摧其中軍，車裂馬騰。截截疆場，炎不可薄。既扼其吭，附者益落。士勵而獸，高噪大躍。車盤轂交，有萬其群。氣抑不揚，投兵而奔。我師蹙之，潰其國門。持其大醜，徇于淮人。天子在師，將以武克。不驚不愆，以殞元慝。有赫在天，降則在廟。孔威有神，綏我億兆。公在朝廷，崇事有嚴。卒奠以出，龍旗纖纖。廢無燕私，其福不下。公作新亭，以御樽斝。諸臣友朋，孔燕俟俟。我邦有休，公實來爲。不泯有考，我公之思。

維揚龍廟記　陳造

五龍血食於揚，肇自國初，而備嚴於今，屹然爲一郡乞靈之地。按《圖志》："藝祖皇帝之破李重進也，駐蹕九曲池上，有龍鬥於池，事已，乃廟祀之。其後廟廢，第繪像於建隆僧舍。"其廟之故基與夫不廟而像之故，漫不可考。慶元五年，帥郭侯某復屋之於池之西偏。至嘉泰之元，今待制趙公來制帥閫，旱涸告病，禱而雨，歲以中熟。慨念水枯旱暵，挽回豐穰，非龍孰致之，而訪視所建，庳陋甚，人莫起敬，揚不敢安。[4]乃移爲今祠，居有殿，獻有亭，更衣有所，建屋各三間，[5]別爲門而垣之。掄才而堅，良選貢院之餘也。擇地而亢爽，宅震面兑，兑澤震，龍廟則宜也。附佛宫，主香火，以僧欲其專也。遠邇聞見，奔趨畏敬，祠祭祈報，無或敢怠。始其經度也，或告九良："星在焉，盍緩之。"公一夕夢人，頎而髯，顴聳而色瑩，黄袍而黑緣，捧赤土龍，笑授公，公許即爲立祠。旦則鳩工庀材，不日而崇成。迎奉之辰，晴日麗空，游雲蜚雨，滃鬱廟廷，公親書廟額以揭殿顔。是日飛雲薦瑞，邦人聳觀，其靈异昭著如此。夫仁民而爲聖賢，澤物而爲龍，相异而相同，相須以濟，其所不及，天命之也。而聖賢又龍所依，惟五龍顯异於昔，聯夢於今，效啓聖之符而致濟世之功。惟公積而德，敷而政，其信於君、孚於民者，俯仰無愧，故有請於龍，若桴鼓，若影響。惟其必諸己，故能必諸冥漠慌恍之表，不幸而水若旱，惟無禱也。彼且略於己，詳於龍。吁！其難哉！公謂某粗知文者，使之志龍之惠利，廟之廢置，庸詔永久。辭不獲，遂以公之所示而紀之，且述其所以媚於龍者，詩而碑之，其詞曰：

五龍顯迹，肇我藝祖。越四壬戌，郡所依怙。顯允趙公，建纛兹土。乃新廟貌，乃大祠宇。乃以旱請，應不移武。始焉中熟，今兹四
餔。民舒氣和，艾晴稼雨。盈尺之雪，及歲未暮。既雪而霽，望無違者。民究所自，式歌且舞。惠濟如公，漢則召杜。宅生於公，古則岐跗。惟龍與公，如賓斯主。侑公之民，歆祉羡嘏。公爲民請，龍弗拒之。鑿粢刑牲，龍則茹之。鼓桴之應，如寄而取。如掇而予，如交臂語。民體公意，莫龍敢侮。禱穰謁款，滌樽潔俎。歌歈紛若，坎坎其鼓。飆馭靈旗，庶其來下。燕我孫子，豐我稷黍。庸祗事龍，彌旦千古。

按：宋之九曲亭、五龍廟，俱已詳《名勝》。

平山堂後記　洪邁

揚爲州最古。南傅海，北抵淮，井而方之蓋萬里。後世華離瓜析，殆且百郡。獨廣陵得鼎其名，故常稱爲巨鎮，爲刺史治所，爲總管

府，爲大都督府，爲淮南節度使。方唐盛時，全蜀尚列其下，有“揚一益二”之語。入本朝，事權雖殺，而太守猶一道鈐轄安撫使，品其域望，他方莫與京也。珠帘十里，二十四橋風月，登臨氣概，足以突兀今古。兹堂最後出，前志謂江南諸峰，植立闌户，且肩摩領接，若可攀取。山既佳，而歐陽又實張之，故聲壓宇宙，如揭日月。縉紳之東南，以身不到爲永恨，意謂層城閬風中天之臺抑末耳。然百餘年間，屢盛屢歇，瓦老木腐，因之以傾陊。薦之以兵革，而禾黍離離，無復一存，荒烟白露，蒼莽滅没，使人意象蕭然。誦“山色有無”之句，付之三嘆而已！原缺。

平山堂記　樓鑰

平山堂，東南勝處也。長、淮之東，地多堆阜，苟見山處，皆以得名於斗野。山在他郡何算，自泗上南來者，望而首得之，故米寶晋有“第一山”之咏。儀真西北登高，見建業諸山，而有壯觀之勝。揚州大明寺，所謂自有宇宙，便有此山，而千載無領略之者。六一居士一覽而得之，撤僧廬之敧屋，作爲斯堂，而風景焕然，遂名天下。公以爲占勝獨，江南諸山，一目千里，而王荆公亦謂“一堂高視兩三州”者也。天造地設，待人而發，滁之醉翁、峽之至喜，皆以公得名。而揚又居南北之衝，士夫往來，喜至其下。自堂之成，所謂風亭月觀，吹臺琴室之舊，俱在下風矣。公之記峴山亭，謂峴蓋山之小者，而其名特著，豈非以其人哉！羊叔子與杜元凱是已亭屢廢而復興者，由後世慕其名而思其人者多也。此堂亦幾是耶。然而物有盛衰，承平才更十七年，而堂已圮壞。直史館刁公約新之、沈内翰括爲之記。紹興末年，廢於兵燹。周貳卿淙起其廢，而洪内翰邁記之。近歲，趙龍圖子濛嘗加葺治，鄭承宣興裔更創而增大之。開禧邊釁之起，環揚之境本無侵軼，而是時閫帥畏怯太甚，始以大言自詭，事未迫而欲遁。遽假清野之名，縱火於外，負郭室廬，延燔一空。而堂爲荆榛瓦礫之場，於兹數年矣。嘉定三年，寇攘既息，而旱蝗饑饉之餘，瘡痍益甚。皇上思得人以鎮撫之。大理少卿趙侯方以閫漕之節徯次於浙右，遂除右文殿修撰，起帥於揚，遠繼叔祖龍圖之軌。下車之初，日不暇給，簡節疏目，恩威并用，教條井井，軍民帖服。邊鄙既已不聳，而年穀順成，浸復樂土之舊。原缺。

明

功德山觀音禪寺記　嚴貞

功德山觀音禪寺，在郡城西北七里大儀鄉，地勢高三十三丈餘，即古之摘星樓基也。元至元年間，僧申律始來駐錫，結庵爲宴坐經行之所，丙申年廢弛。① 洪武己未，②僧惠整等募衆造觀音、天王二殿各三間，慨無聖像，往蔣山寶公院，祗請聖朝欽賜八功德水，塑觀音像并地藏像。乙亥，[6]重造山門，門以間計者三，其高二丈，深如其高，而益丈有二尺以爲廣。又前爲正殿，以間計者五，其高五尋，深如其高，而益尋有三尺以爲廣。復於正殿之東北建鐘樓，而其高如正殿，其廣減正殿五之三。闢兩廊東西，作禪悦僧堂各五間，左右環爲僧廬、方丈、退居、庖湢之屬，地勢中高外峻，則貼石以廣其址。凡木石、瓦甓、匠傭之費，爲鈔三萬五千七百緡，爲米一千五百六十斛，實洪武辛酉之年落成也。③ 繼募僧今善緣，憫年遠而殿廡頹圮，瓦木朽腐，聚財鳩工，重新修葺。復建山門一所，曰“雲林”，佛塔一座，以鎮峙其門。三十餘年，漸見華燈輝映，金鐸鏘鳴，曲檻方欞，下臨無地。善緣謂此殊勝昔所未有，宜當登載以示方來，爰狀其實，謁辭爲記。按《建康志》：“蔣山，舊名鐘山，考其地脉，則由東南泝長江而西數百里，蜿蟺磅礴，既翕復張，中脊而下降爲平衍，西爲覆舟、鷄籠諸山，又西爲石頭城，而蔣山對峙，名之曰‘寶珠峰’。”八功德水、寶公院，實兹山請奉聖像

---

① 丙申年：元至正十六年(1356)。
② 洪武己未：洪武十二年(1379)。
③ 洪武辛酉：洪武十四年(1381)。

流派勝源也。今功德名山奠茲吉壤，神栖聖止，妥焉以寧，千載猶一日，殆非偶然也。善緣經度指授，久而弗懈，宜有以勒石，以示永久，無忘所自云爾。若夫茲山已往陳迹，未爲之志，前作後述，是在來者。與夫山川風物之美，亭軒樓閣之勝，著于前賢紀咏，茲不復書。

重修大明寺碑記　羅玘

距揚郡城西下五七里許，有寺曰大明，蓋宋孝武時所建也。孝武紀年以大明，而此寺適創於其時，故爲名。宋都官員外郎梅聖俞堯臣有曰："蕪城之北大明寺，闢堂高爽，趣廣而意厖。"又曰："此景大梁無。"則其舊規之觀，美可窺矣。然歷世既久，遂爲瓦礫牛羊墟，過者興慨。景泰間，有僧曰智滄溟者，本真之武弁裔，少慕禪宗，投禮冲徹堂禪師，出家爲佛弟子。天順間，北游五臺。回抵於揚，偶適野，見摘星樓西、平山堂東，中有空隙地，約廣數十畝，厥土燥剛，厥位面陽，厥地孔良，放生池環于左，清平橋横于前，若遺址也。啓請郡守三原王公宗貫、衛使李公鎧、徐公清輩，乃結小庵，以栖于上。不逾月，夜夢一神人指示之曰：某有井，井有藏。循其處而發之，果得古井，内有殘碑一方，上有"大明禪寺"數字。人自是始知爲古刹，其出於神授如此。四方博雅嗜義之人悉捐金資，爲法堂五間，東、西廡各數間，庖湢庫庾，以次粗備。越弘治癸丑，[7]關陝諸鹺客始建大雄殿，設立金像，規模甚宏偉。而智滄溟尋示寂矣。厥徒鎮大方嗣其緒。至乙丑歲，①復建天王殿五間，而大方亦故。今孫廣勝主焚修焉，於正德丁卯建伽藍祖師一殿，②蓋自是始稱備矣。夫勝地古迹湮没幾數百年，而恢復于祖孫相繩之三世，厥公懋矣！然非輕財者樂爲之助，其能告落成也哉！固宜礱石紀名，以垂永久。此主僧所以爲請也。予起復過揚時，嘗與江都丞曾英、予門人葉如欒輩登眺，飲泉水於其間，於時尚草草

① 弘治乙丑：弘治十八年(1505)。

② 正德丁卯：正德二年(1507)。

也。今越二十年矣，而此寺規模浸備。予憶舊游，臨文不覺憮然。

重修法海橋記　馬駙

出郡城西，折而北二里而近，有寺曰法海。創造經始莫可考。寺僧净杲爲予言：寺存斷石經幢中有“天祐”字，知爲唐物。嘗築垣，得廢井甓，文曰“開皇”。開皇，隋文帝年號，至是幾千年矣。出寺門而東，舊有石橋，建始亦莫可考。凡郡人有事，於西郭棹小舟，自南而北，由是橋達寺。逾寺不數里，爲大明、觀音二寺。循岸轉而西，爲茅義士祠。其陸自土穀壇道新、雷二塘，汴渠甘泉。其外百里，高郵、天長諸湖罔不循由是橋。蓋一郡之名勝，西北之要轄也。歲久，風雨剥蝕，漸圮，而壞壤土甓石下湮上泐。杲時爲寺主僧，思起廢而取新。屬揚州衛指揮致仕火公暇日與客過寺，顧瞻俯仰，因杲所及，而慨然任之。召工會計，取石於吴。逾年而橋成，所費逾百金。華偉堅壯，崇址而堅，垣浚其下益深。車馬載負，牽挽舉掣，日相尋于上；舟楫往來，簫鼓填咽，日相尋於下。是舉也，其費盡出於公，未始醵金於人。杲乃礱石載趺，謁記於予。予因不辭而記其顛末如此。公名晟，字尚明，爲橋時年七十有八。杲字東暘，始終於橋者也。其徒道倫、孫德訓嘗用力，畚鍤之勞，列得附書。是爲記。

重修大明寺記　葉觀

廣陵爲江淮之都會，故多勝迹。值宋、元兵火之餘，其存者僅十之二三耳。考之南北朝，有寺曰大明，湮没久矣。天順間，僧名智滄溟者，于郡城西五里平山之原而得其遺址焉。遂出囊資，延檀越，而重建之。殿宇崔嵬，門廊秀拔，泗水通流，江峰迭翠，誠勝境也。歲久荒頽，其徒干謁而無緣。光禄署丞火君文津，一旦慨然曰：“余承先人之業，資其所費，以增山川之盛，不亦可乎！”遂捐千金葺之，闢山門之隘者三，易棟宇之腐者百，廣殿之前檐以軒，凡五楹焉。左右建鐘、鼓二樓，東西立門二座，所以豁登覽，洞出入也。見其山曠衍平，伏謂歐陽文忠公所建平山堂在其右，而久傾，遂扁其前庭曰平山堂，飾之青緑，施之文采，所以昭先賢之佳况也。門之外有井，爲古之第五泉，乃浚之，立亭其上。復建廊房十四楹於方丈之右，以爲僧之栖止。視滄溟所創，規模宏麗矣。督工者，户侯張西樓璽也。僧感其德，走竹西草堂，求荒文以紀之。觀有感而言曰："美哉！火君之舉。"余昔登其山而游覽焉，水光東注，山色南侵，雲霞遠疊，緑野平臨；譙樓左峙，鄉祠右回，邗江逶前，盱山擁後；鶯花明媚，林木鬱葱，白月皎野，瑞雪鋪瓊。憑高眺遠，四時可娱之法界也。今復葺而新之，其郡之麗景何加焉！余嘗謂其先人樂山公之種德宗儉，善于積財；而文津之好義喜施，善於用財，克家之慶也。噫！非樂山之善積，無以成文津之美；非文津之善用，無以顯樂山之名。《易》曰"考無咎"，文津以之！因紀其概，以爲後之尚義者勸。

廣陵三先生祠堂記　胡植

廣陵今稱三先生爲宋胡安定瑗、王竹西居正、李樂庵衡。嘉靖初，臺察雷君應龍撤非鬼像，即厥祠祀安定焉，示崇正也。予按兩淮之明年，①維壬寅春王正月，②祗謁祠下，祠下諸校生胥諗願以王、李二先生配食，永永樹之風聲。謀諸郡守懷幹，輩僉唯唯。遂增牢妥主，諏吉肇禋，扁曰"廣陵三先生祠"。邦人士聞之，欣欣若有興者，乃申告曰："豪傑踵興，山川協靈，生式於鄉，殁尸於社，民之秉彝，雖百世可知也。"傳稱門人皆循循雅飭，又知稽古愛民，每誦至此，未嘗不斂衽起敬也，蓋嘉安定之教爲有本云。而世徒以條約槩之，殆淺乎知安定者。竹西自隱約時，即不以希世而改是非之心，樂庵宦迹所至，專務誠意化民，斯其人可易易視哉！以予所聞，彼皆所謂豪傑之士而無文猶興者，假令登孔門，當不在閔、冉下矣。夫崇賢，以貞教也。祀

---

① 胡植於嘉靖二十年(1541)任兩淮巡鹽御史。

② 壬寅：嘉靖二十一年(1542)。

往，以勸來也。有倬維揚，稱雄振古。譽髦斯士，誕際昌明。孔軌可追，鄉範伊邇。論世私淑，無亦是務乎。苟徒俎豆云爾，奚取于三先生之堂。是爲記。

重修司徒廟記　金獻民

去歲，予奉敕之江西，道便揚皇華亭。山西澤州李君藁商於揚而翁謫，予相與素善。藁，故人子也，因迓飲於城西之平山堂。藁曰："堂之後有祠，甲一郡而最神者，揚之人，無分縉紳、士夫、男女、長稚，咸觫顙而遵信之。歲時旱潦，郡之有事，其下靡不應酬。民有螟螻、蟊賊，與夫癘祟、不祥，是惟無禱，禱輒應爲影響靈异之顯，不可具狀。詢其神，英顯司徒也。神五人五姓，首茅、次許、次祝、次蔣、次吴，以義相尚，結爲兄弟，奮身匡危，多建异績，揚人建廟於此，歷代以侯王封之。是廟之建，凡幾百年矣。"言既，酒半，民因鼓在席之士，步殿庭而歷廊廡，迹其事，皆駸久，不治且壞。衆合詞言曰："李君事鹺此邦有年，而履其福者數矣，又常宴游於斯，矧君挾資巨萬，惡得恝然無情哉！"余繼曰："然。"君應曰："諾。"既而捐資凡若干緡，躬構材，走徒城，工晨夜，展力於是。傾頹者起，破缺者成，腐朽撓折不鮮者治之，於前人無侈，於後觀無廢，焕然俱新矣。余未幾事竣，旋自江西，適理新之餘。訖功之日，藁詣行次，請民記之，民既得游于此，又列詞其下，誠快事也。廟之作，經始於乙亥歲冬，①落成於丙子歲春，②不期而成，其神速如此，其亦有所感而然耳。遂援筆書之以畀藁。

【校勘記】

[1]《大明寺水記》：《歐陽修全集》卷六四作《大明水記》。本志所收録記文异文較多，不再

---

① 乙亥：正德十年(1515)。

② 丙子：正德十一年(1516)。

一一出校記。

[2] 時：乾隆三十年本、光緒九年本、光緒二十一年本均作“時”，天保十四年本作“使”。

[3] 從之：乾隆三十年本、光緒九年本、光緒二十一年本均作“從之”，天保十四年本作“後因”。

[4] 揚：乾隆三十年本、光緒九年本、光緒二十一年本均作“揚”，天保十四年本作“惕”。

[5] 建：乾隆三十年本、光緒九年本、光緒二十一年本均作“建”，天保十四年本作“爲”。

[6] 乙亥：據上文“洪武己未”和下文“洪武辛酉”，此處疑爲“洪武庚申”，即洪武十三年(1380)。

[7] 弘治癸丑：據下文“弘治乙丑”，此處疑爲“弘治癸亥”，即弘治十六年(1503)。

平山堂圖志卷第九　藝文七

記　二

國　朝

平山受宗和尚法源記　笪重光

達摩受西天般若多羅密印，六傳而至曹溪，曹溪五傳而至洞山。曹溪法道，賴洞山而播于天下，故諸方宗匠咸共推之，曰曹洞宗。洞山之後，而雲居兒孫獨盛。雲居四傳而至太陽，曹洞一宗，又爲天下冠。今所傳曹洞宗者，則皆系出太陽之嗣投子青者也。投子之得芙蓉，知見高邁，而天子三詔不赴。二十七傳而爲雲門澄公。雲門嫡子爲百丈雪，雪下有四十餘人，唯燈公門庭孤峻，學者罕受其旨。及晚年，主席焦山，始得克家兒，是爲今棲靈寺之受宗旨大師。受公去洞山，凡三十世也。棲靈居維揚郡之西北。明天順間，有坐道場説法者，乃滄溟福智禪師也。丁酉夏，[①]余歸自西江，見受大師語録于家宏和尚空青山，始知曹洞宗風，至今未墜。且與家弘和尚皆出破暗燈公之門，爲江南江北之主盟。斯道者得不有補于僧史耶！數日後，家宏和尚以棲靈語録見教，索一言爲引。余非不敢彰山水之勝，實有俟于江北之諸大宰官，且以大師得法之淵源，告之天下，爲繼祖續宗者之所重云。

---

① 丁酉：順治十四年(1657)。

真賞樓記　朱彝尊

平山之堂既成，越明年，[1]中書舍人汪君季角拓堂後地，爲樓五楹。設栗主以祀歐陽永叔、劉仲原父、蘇子瞻諸君子，名曰真賞樓，蓋取諸永叔寄仲原父詩中語也。君既爲文，勒堂隅識。落成之歲月，請予作斯樓記。於是樓成又逾年矣。方山陰金公將知揚州府事，實期予適館。既而予不果往。及聞堂成之日，四方知名士會者百人，多予舊好，咸賦詩紀其事。顧予獨客二千里外，不獲與，私心竊悔且憾。回憶曩時客揚州，登堂之故址，草深數尺，求頹垣斷砌所在，不能辨識，愾然長喟，謂兹堂之勝，殆不可復睹。曾幾何時，而晴闌畫檻，忽涌三城之表，且有飛樓峙其後。既感廢興之相尋，復嘆賢者之必有其助也！當永叔築堂時，特出一時，興會所寄。然春風楊柳，蓋别久而不忘。子瞻三過其下，悵仙翁之不見，至題詞快哉亭，尚吟思此堂未已。即永叔亦感仲原父能留其游賞之地，賦詩遠寄。是當時諸君子未嘗一日忘兹堂可知，已肇祀焉！庶其馮依而不去者與！堂之廢，自世人視爲游觀之所，可以有無；守是邦者，或不爲葺治，至於日圮，理固然也。試登是樓，見永叔以下，凡官此土有澤於民者，皆得置主以祀。後之君子，必能師金公之遺意，克修前賢之迹，則是斯樓成而平山之堂始可歷久不廢，足以見汪君之用意深且遠也！予雖不獲觀堂落成，與諸名士賦詩之末，猶幸勒名樓下，附汪君之文并傳於後，亦可以勿憾矣夫！

紅橋游記　王士禛

出鎮淮門，循小秦淮，折而北，陂岸起伏多態，竹木蓊鬱，清流映帶。人家多因水爲園，亭榭石溪塘，幽窈而明瑟，頗盡四時之美。拿

---

[1] 據本卷金鎮《平山堂記》記載，康熙十三年(1674)，平山堂修復完成，則真賞樓完成于康熙十四年(1675)。

小艇，循河西北行，林木盡處，有橋宛然，如垂紅下飲于澗，又如麗人靚妝袨服流照明鏡中，所謂紅橋也。游人登平山堂，率至法海寺舍舟而陸，徑必出紅橋。下橋四面皆人家荷塘，六七月間，菡萏作，花香聞數里，青帘白舫，絡繹如織，良謂勝游矣。予數往來北郭，必過紅橋，顧而樂之。登橋四望，忽復徘徊感嘆，當哀樂之交乘于中，往往不能自喻其故。王、謝冶城之語，①景、晏牛山之悲，②今之視昔，亦有然耶！壬寅季夏之望，③與籜庵、④茶村、⑤伯璣諸子倚歌而和之。⑥籜庵繼成一章，予亦屬和。嗟乎！絲竹陶寫，何必中年；山水清音，自成佳話。予與諸子聚散不恒，良會未易遘，而紅橋之名，或反因諸子而得傳于後世，增懷古憑吊者之徘徊感嘆。如予今日未可知也。

重建平山堂記⑦　金鎮

余莅揚，值軍興伊始，征調旁午數月，始得整理廢墜，稍稍就緒。偕郡之賢士大夫，觴咏蜀岡之上，感平山堂之毁爲僧寺，與汪舍人蛟門暨同游諸君將謀復之也。既爲文，述宋歐陽公治郡政績，以其餘力創爲是堂，及今之既廢而宜復之意，以語共莅兹土者。視舊址迤西，

① 王、謝冶城之語：王，即東晋著名書法家王羲之，字逸少，晋瑯琊臨沂人，曾任右軍將軍，世稱王右軍；謝，即謝安，字安石，晋陳郡陽夏人，曾任尚書僕射、録尚書事等職。《世説新語·言語第二》載："王右軍與謝太傅共登冶城。謝悠然遠想，有高世之志。王謂謝曰：'夏禹勤王，手足胼胝；文王旰食，日不暇給。今四郊多壘，宜人人自效。而虚談廢務，浮文防要，恐非當今所宜。'謝答曰：'秦任商鞅，二世而亡，豈輕言致患邪？'"

② 景、晏牛山之悲：景，即齊景公；晏，即晏嬰。《晏子春秋》卷一《内篇諫上第一》載："景公游于牛山，北臨其國城而流涕曰：'若何滂滂去此而死乎？'艾孔梁丘據皆從而泣。晏子獨笑于旁。公刷涕而顧于晏子曰：'寡人今日游悲，孔與據皆從寡人而涕泣，子獨笑何也？'晏子對曰：'使賢者常守之，則太公、桓公將常守之矣。使勇者常守之，則莊公靈公將常守之矣。數君者將守之，則吾君安得此位而立焉。以其迭處之，迭去之，至于君也。而獨爲之流涕，是不仁也。不仁之君見一，諂諛之臣見二，此臣所以獨竊笑也。'"

③ 壬寅：康熙元年(1662)。

④ 籜庵：袁于令，號籜庵，江蘇吴縣人，諸生，精于音律，著有《西樓記》等傳奇。

⑤ 茶村：杜濬，號茶村。

⑥ 伯璣：陳允衡，字伯璣，江西南昌人，著有《寶瑟館集》。

⑦ 康熙十二年(1673)，金鎮任職揚州。十三年(1674)，平山堂修復完成。

又闢前後隙地二畝許益之，度材量費。上自巡鹺、侍御暨僚屬大夫，其心同，其言樂。以九月經始，歲終迄成事。木石堅緻，黝堊鮮彩，軒檐既啓，江山欲來，五百年之壯觀，一朝頓復。適余奉命視鄆政江寧，喜其將去而落成也，復偕諸君子登山置酒而樂之。郡之父老，既歡既愉，士女奔湊，攀崖捫級來觀者不絶。是時適携李曹司農至，首爲五十韻長句紀其事，凡郡之縉紳、學士及四方名流，無不揳宫徵，敲金石，效奇呈美於兹堂之上。論者謂與蘇、王、秦、劉諸賢之唱和不相上下，而惜乎余非歐陽公其人也。夫一堂之興復微耳，然人情欣欣，若以爲事之必不可少者何也。方今東南不幸多事，吴越之郊，一望戰壘，民負楯而炊，惴惴不能終日。揚以四達之衢，吾得與二三子保境休息於此，里門晏開，守望不事，四方之結轂而至者，指爲樂土。此非大幸耶！當此之時，而使前賢之名迹缺焉湮没，至廢爲梵鐘燈火之場而不恤，既非所以稱爲民父母之意，揆之人情，亦必有鬱然不樂者也。以余之德薄，所以能使一時之争勸其事，而歡樂其成功者，凡以順人情之所欲爲而已。然爲此於萬難倥偬之際，比之前人創建之日，其勢尤有不易者，非諸君子之協力交贊，即予亦何能藉手以告成哉！是皆不可以無記也。

平山堂記[①]　汪懋麟

揚自六代以來，宫觀樓閣、池亭臺榭之名，盛稱於郡籍者，莫可數計，而今罕有存者矣。地無高山深谷足恣游眺，惟西北岡阜蜿蜒，陂塘環映。岡上有堂，歐陽文忠公守郡時所創立，後人愛之，傳五百年，屹然不廢。康熙元年，土人變制爲寺，而堂又無復存焉矣。揚在古今號名郡，僚庶群集，賓客日來。所至無以陳俎豆，供燕饗，爲羞孰甚。而老、佛之宫充塞四境，日大不止金錢數千萬，一呼響應。獨一歐陽公爲政講學之堂，亦爲所侵滅，而吾徒莫之救，不亦甚可惜哉！堂初

① 《汪懋麟年譜》記載："(清聖祖康熙十三年甲寅)秋，同諸子邀金鎮游平山堂，議修復事……十一月，平山堂落成，知府金鎮遍招諸名士，觀者千人，皆以詩詞爲賀。懋麟作《平山堂記》。"由此可知，此文當作于康熙十三年(1674)秋。

廢，余爲諸生，莫能奪。六年，釋褐與余兄叔定爲文告守令，將議復。又迫於選人，去京師五年，而茲堂之興廢，未嘗一日忘也。十二年秋，山陰金公補揚州，余喜曰："是得所托矣。"金公諾。至郡，廢修墜舉，士民和悦。會余丁先妣憂歸里，相與蓄材量役，度景於明年之七月，經始於九月，告成於十一月。不徵一錢、勞一民，五旬而堂成。公置酒大召客，四方名賢，結駟而至，觀者數千人，賦詩落之。會公遷按察驛傳道，移治江寧去。明年春，公按部過郡，又屬余拓堂後地，爲樓五楹，名真賞樓，祀歐陽公與宋代諸賢於上，皆昔官此土而有澤於民者。堂下爲公講堂，左鐘右鼓，禮樂巍然，所以防後人不得奉佛於斯也。堂前高臺數十尺，樹梧桐數本，舊名行春之臺，今仿其制，臺下東西長垣，雜植桃、李、梅、竹、柳、杏數十本，敞其門爲閥閲，廣其徑爲長堤。垣以西，古松蓊翳。松下有井，即第五泉，覆以方亭，羅前人碑石移置其上。是則平山堂之大概焉。爲用二千四百四十八兩六銖，爲工萬有八千五百六十，爲時周一歲，資出御史、轉運、太守、諸佐令、鄉士大夫、兩河諸商，而百姓無與焉。任土木之計者，道人唐心廣勞不可没，例得書。噫嘻！平山高不過尋丈，堂不過衡宇，非有江山奇麗、飛樓傑閣，如名岳神山之足以傾耳駭目；而第念爲歐陽公作息之地，存則寓禮教，興文章；廢則荒荆敗棘，典型凋落，則茲堂之所繫何如哉！余願繼此而來守者，尚其思金公之遺意，而吾郡人亦相與保護愛惜，則幸矣。因勒此以告後祀。

重建平山堂記　魏禧

平山堂距揚州城西北五里許，宋歐陽文忠公所建。公守郡時，當慶曆末，天下太平。公治尚寬簡，故獲興是役，與賓僚飲酒賦詩其中。今六百餘年，廢興不一，至於蕩爲榛蕪，盗據爲浮屠。而其地以公故，益名於天下，登臨者慨然有峴首之思焉。揚州古稱名勝，然絶少山林邱壑之美，城以内惟康山一阜，頗三面見水，外則平山堂，望江南諸山最地。[1]康山既屋，而平山又久廢矣。自堂建後，揚州數遭兵禍。至紹定初，歷一百八十有二年。而李全之亂，猶置酒高會於平山堂，豈斯堂幸免兵火，抑毁廢復有賢者修舉之耶。今觀察金公，前守斯郡。政既成，慨先賢之不祀，郡之最勝地久廢，與鄉大夫汪君蛟門謀，廓然新作之，不以一錢會諸民，五旬而堂成。有堂有臺，其後有樓翼然，以祀文忠公。軒敞巨麗，吐納萬景，視文忠缺一字。當日，不知何如。缺四十字。而觀察公化民善俗之意，亦因可以推見。蓋揚俗五方雜處，魚鹽錢刀之所輳，仕宦豪强所僑寄。故其民多嗜利，好宴游，徵歌逐妓，袨衣偷食，以相誇耀，非其甚賢者，則不復以文物爲意。公既修舉廢墜，時與士大夫過賓飲酒賦詩，使夫人耳而目之者，皆欣然有山川文物之慕。家吟而户誦，以文章風雅之道，漸易其錢刀駔儈之氣。缺十七字。而揚土洿曼平衍，此山差高，足用武之地。公建堂其上，又習以俎豆之事，抑將以文事靖兵氣焉。公名鎮，字長真，浙之山陰人。丁巳仲秋，[1]余客揚州，公適自江南來攝鹽法，乃停車騎，步趾委巷而揖余，以記見屬。余惟康山以海得名，平山堂以歐陽公名天下。嗟乎！地以人重，公其自此遠矣。

修復平山堂記　毛奇齡

平山堂踞維揚之勝，岡巒竹木，蔭映四野。相傳六一守揚時，公事之暇，率賓朋宴集歌咏其内。是以逡巡數世，歷歷可紀，而其後不能繼也。夫天下興廢多矣。考之六一去揚，其距建堂時相去未遠，然當婺川劉公來，而六一送之，其繾綣故迹，屈指年歲，戀戀於所爲庭前手植，而丁寧浩嘆，一若彈指之頃，早有古今盛衰之感生乎其間。暨東坡再來，三過平山，乃復徘徊憑吊，托諸夢寐，猶後此者也。蓋物盛則衰隨，事興而廢踵，理有固然，而第當循環遞至。則湮廢已久，將必有人焉爲之興復；而方其極盛，亦遂有起而持其後者。乃堂介浮屠，左右蔽虧，始未嘗不相爲倚恃，而其後堂既廢，而浮屠獨存。然且故

---

① 丁巳：康熙十六年(1677)。

址昭然，遲久未復，予嘗過其地而悲之。今太守金君自汝南來遷，重守是邦，計之有宋慶曆間，相去甚遠。且治揚甫匝歲，即復遷江南副使，倉卒引去。又其時適當六師張皇，禁旅四出之際，往來芻秣，日不暇給。乃登臨感慨，毅然修復於所謂平山堂者，是豈僅爲游觀地哉！蓋亦有感於前人之所爲，而興而廢，廢而復興，汲汲以成之，惟恐後也。予鄉蘭亭，自永和修禊，傳之迄今，數千年間，廢日多而興日少。當君守汝時，汝無名迹，然猶考淮西舊碑，勒段、韓二公文於碑之陰、陽，而覆之以亭。蓋古今賢哲，風流相映，非偶然者。第堂成命酒，賓朋歌咏，已非一日。而予以訪舊之餘，續游其地，不期月間，一若賓主去留後先頓异者，昔人所謂登斯堂而重有感也。堂以某年某月成，越一年，[1]乃始飲於堂，而屬余爲記。

修復平山堂記　宗觀

堂因蜀岡之勝，帶郭面江。揚之土無山，江南山皆其山也。計創始於歐陽文忠公，距今六百餘年。中間更廢興者屢矣，而廢之久且盡，莫甚今日。寺僧即其址爲殿宇，舉向之欹楹危檻，參峙于龍蛇漫漶者，湮没無留，而平山堂之名亦亡。登臨憑眺之士，緬想乎流風餘韻，而力弗任焉。康熙十二年癸丑，山陰金公來守兹郡，汪舍人蛟門從京邸以重構請，公頷之。會到府，軍興旁午，羽書四至，不暇及也。閱數月，政成時豫，乃偕賓客，具舟楫，尋六一高踪。則棲靈寺矗然，壁立重垣，周固山光，隱見瓮牖，目不及舒。公喟然曰："湮前哲，廢後觀，伊誰責耶！"維時略基址，審面勢，程土物，庀材用，具糇糧，量功命日，弗亟弗遲。居人或不知有工築，始至而堂巍然，五楹中敞，廊廡洞達；再至而樓屹然；又至而門户已甃甓，次第完具。於以見天之曠氣之迴，咏"山色有無"之句，凡亘屬縈紆，出没濃淡，以效奇競秀於兹堂之前者，始還故觀。游者恍然，如寐而醒。既成，以燕遠邇，歡極而賀

---

① 平山堂于康熙十三年(1674)修復完成，此文當作于康熙十四年(1675)。

曰：自公之來也，使我不驚枹鼓，不苦扉屨，不煩訟獄。州士女既安其簡且静，謂我公亦宜有游觀之美，以休其暇日，幾不知堂之所以始矣。嗟乎！廢興成毁之相尋，一視乎人，人去則傳無窮。余既嘆名賢之迹，歷久更新，非浮屠之術所能奪；又念我公所居之勢，較諸慶曆以來，豐亨無事，得以極山水、賓客之娱者，難易殆有間矣！故書之以告後之來游者。

修創棲靈寺記　孔尚任

棲靈寺在揚州之蜀岡，即宋孝武所稱大明寺者。其興廢莫可考，寺之西偏爲平山堂，則六一公守郡時所築，後賢嗣而葺之者也。余出使時，數過其間，寺僧道弘禪師必出笋蕨，留予久談。蓋堂前之楊柳，壁上之龍蛇，猶仿佛可睹焉。况禪師了悟一切，又能爲詩，人與地宜，故不憚畢力修之。自己亥繼席以來，[①]凡殿宇、塔院、齋堂、厨庫，寺應有者，遂無不有，蓋百有餘楹矣。蜀岡故無松，師覓松秧萬本，高下栽之，鬱鬱森森，望若深山。寺故無梅、竹，今庭院交蔭，宛轉如畫。我皇上南巡，兩幸平山，御書“怡情”二字，親賜禪師，蓋不止賞其地，并亦贊其人矣。今建有諸天寶閣，乃懸書之所也。寺之盛，未有盛於此時者，實師之力居多云。

師名德南，號介庵，道弘其字也。俗爲江都胡氏子，乃文定公之遠裔。明末揚州被兵，怵惕弃家，投江西贛州善慶庵受宗旨和尚剃染。歲丁酉，[②]隨和尚來棲靈寺。三載，和尚示寂，師主持院事。癸卯，[③]造方丈成，善信請居新室，始上堂，結制説戒。甲辰，[④]郡城士夫請住惠照，入院修葺。未幾，復歸平山。至庚午夏六月，[⑤]請本郡紳衿

---

① 己亥：順治十六年(1659)。
② 丁酉：順治十四年(1657)。
③ 癸卯：康熙二年(1663)。
④ 甲辰：康熙三年(1664)。
⑤ 庚午：康熙二十九年(1690)。

護法交常住與，法嗣麗杲西堂繼住方丈，師退居吉祥禪院。師乃洞山三十一世之正傳，破暗燈和尚之嫡孫，受宗旨和尚之法嗣也。余因平山爲予舊游地，師爲予方外友。其弟子麗杲亦能詩，跋涉來都，淳切囑予。乃次其所述者如右。

重修平山堂記　尹會一

自古地以人重。揚州四方都會，絶少山林，城之西偏，陂陀曼衍，有堂翼然。自宋歐陽文忠公守郡時建，至今以平山特聞，中間屢歷興廢，且七百餘年矣。聖祖南巡，嘗臨幸焉。既御書“平山堂”，復賜“賢守清風”額，蓋不獨重公之賢，亦所以風厲守土之臣，意至深也。使者壬子夏來守是邦，①登堂肅拜，天章爛然，震耀心目。逾年，擢司轉運。又三年，簡命視鹺。公餘，一載過之。時鄉大夫汪君應庚以斯堂漸圮，蠲資修繕。整崇階，植嘉樹，浚第五泉，新其亭。周山種松十餘萬，蓊然蔚然，非復舊觀矣！余嘗念維揚古稱名勝，然何遜東閣，昭明選樓，徐湛之之風亭月觀，訪其遺墟，荒凉滅没。而斯堂屢更兵燹，每廢輒興，久且益勝。公之靈在焉，不可得而泯也！若夫堂之左爲棲靈寺，唐時塔，毁於火。汪君即故址建藏經樓，其後則觀音閣，前廊置寮舍以飯僧，皆因堂及之者。已，復以公命堂意，築爲平樓，綺疏四闢，遥眺南徐，水氣横浮，萬山拱揖。設起公於今，當復與賓僚觴咏，顧而樂之。愧予未獲賡其餘韻也！於戲，揚人士擁高資，侈豪舉，固所時有。汪君以力敦善，行聞於朝，嘗即其家，拜光禄少卿。觀於斯堂，乃亦爲增勝。蓋先皇之寵錫，賢守之風流，山川文物相輝映，詎遨游選勝云爾哉！汪君其知所重也矣！

重浚保障河記　尹會一

今天子崇尚禹功，盡力溝洫，自畿甸以及東南，悉詔興修水利，蓋

---

①　壬子：雍正十年(1732)。

所以謀民者至矣。揚州地廣而饒，水泉之所爲滋息也。歲壬子，制府都御史尹公推上功德，加惠元元，疏請浚兩城之市河，通舟楫以爲民利，奏可而施畚鍤焉。緡給於帑，役董於官，庶民效子來之誠，不數月而厥功以竟。余適奉命調守是邦，與告成事。閲日，邦之薦紳先生謂余曰："市河之流暢矣，然而引貫有源，抑經營未可後也。城西保障一河，即舊所稱炮山河者，襟帶蜀岡，繞法海以南，通古渡，在昔春水柳陰，游船歌吹，咽岸塞川，而百貨鼓棹其間，田疇資以灌溉，此固與隍池相表裏。誠得藝其淤澱，進以廣深，則非惟壯郊原名勝之觀，其攸賴於市河之蓄泄者實大。"余因切究形勢，相度以咨諸監督水利程公。公樂成其美，爲遴練幹之王君華，俾襄厥事。經費所出，則余以俸倡，而紳士之好義者佐焉。於是周回故址，擴而疏之，更爲鑿其斷港絶潢，使欵乃相聞，迤邐以至於平山之下，父老謂以今視昔，有益滙遠而流長者矣。鼛鼓既竣，方今春和時，有請編柳桃於堤、衛疏土而騁游目者，固亦足以表民物之殷阜，示太平之景象也。爰復捐植而不敢以下煩吾民。夫體國經野，職有常經，矧皇上加意閭閻，民利是利，爲吏者唯是奉宣德意，區區之役，寧謂足紀述以告將來。然而有其舉之莫或廢也，正亦不得不深有望焉云爾。是爲記。

萬松亭記　汪應銓

蜀岡東最高處，萬松亭在焉。吾家光禄君所作也。蜀岡無石，其土厚，宜樹木，顧無好事者。君輦松栽十萬餘，緣岡之坳突直屈，櫛比而環植之。數歲中，蟠亘蒼翠，日晴風疏。遠望如薺，鱗張鬣竦，即之挺立，步入林樾，彌天翳景。其東岡勢中斷，旁扈而下，削亭踞其巔，帶長林，倚遥野，二十四橋之烟景，三十六湖之波瀾，浮映檐檻，可攬可掬，洵奇勝也。或曰："松逾十萬，而以萬松名亭，何也？"曰："柳子厚《萬石亭記》所謂石之數不可知，以其多則命之萬石者也。"或曰："凡亭之勝，游觀觴咏之樂，寒餓疾痛之夫不與也。萬松之芘藾，繩床瓮牖，旁風上雨之居，民弗善也。光禄君自其子姓以暨塗人燠寒飫饑孤，露而蔭庥之，呻而醫藥之，嬰而遂長之，溺而筏之岸之，其人其事，不可殫數。天子褒异之，國人銘詩之，吾子闕焉。而斯亭是志何也。曰：此吾所以志斯亭也。蘇子瞻爲麻城令，作《萬松亭》詩云："縣令若同倉庚氏，亭松應長子孫枝。"君則萬松之鄉人也，又有德於其鄉，子孫之祥，與松俱長矣。《傳》有嘉樹，《雅》有角弓，無忘封殖，敢諗來者！君名應庚，亦自號萬松主人云。

五烈祠碑記　龔鑑

登蜀岡，迤平山堂，右有列冢累然，接隴臨蹊，東西違谷數武，是爲五烈之墓。五烈者，池氏、霍氏、裔氏、程氏、周氏也。先是，池烈女窆其所。其自霍以下，人稱其烈無殊也，而欲令相近，先後爲墓于其側。

墓地故屬江都析縣，後乃隸甘泉。歲壬子，①余來視縣事，展謁幽埏，唏思風美之所扇，以爲節義者訓俗之標建也。顯幽旌善，可以競勸。五烈生秉峻節，合義同風，緬紀英淑，宜當除地啓宇，崇而祠之，於是乃謀於邑士大夫。時則汪君應庚喟然而興肩，乃興作役財，鳩匠授模締構，閲時告畢，來諗成功。予乃躬率邑人潔蠲敬享禮終，顧瞻榱桷，低徊久之。爰命伐石，書其事曰：

案池烈女故貧家子，早失母。及笄，父以字吴某子廷望。廷望從軍死於粤，吴請于女父，欲以改配其次子，有成言矣。女偵知之，伺其父出，投繯死。霍氏稱霍九女，事父母以孝著。年十九，許嫁李正榮。十日，正榮死，女聞號慟，自殺以殉。里人義之，爲舉其喪，葬於池烈女墓右，稱雙烈云。其後有裔氏，氏爲孫某婦。姑及其二女皆不潔，他日歸，具白母，且誓曰："弗死，懼及吾，無以視人世。"既而還家，則姑及二女方共客飲。婦耻之，乃扃户，紉其衣，自袒而袿而裾，綴連不解，然後經其脰死。事聞，郡守孔毓璞嘆之，爲立墓於雙烈之旁。程氏者，項起鵠妻也。成婚三月，起鵠賈於外，死粤西之岑溪。諱音至，

① 壬子：雍正十年(1732)。

即哭辭舅姑，且囑其叔以善養，遂自經也。既葬，邑令王元稚親詣墓門，爲下拜，題其碣而去。周氏者，江寧人，適陳國材，移家於揚。夫暴疾終，周誓以身殉。父往慰諭之，泣曰："兒有宜死者三：上無舅姑，下無子，且貧若此，衣食安所賴？即嫁耳，嫁豈兒所忍言！兒志決矣！"卒不食而死。

嗚呼！此五烈者，少長窮巷編户之中，未有從姆教，稱詩書，而服乎女箴之明訓也，又不有心則乎前載烈義斷髮磨笄之行，而踵而行之也。且生者情所貪，而死亡生人之大惡，雖以大雅所勖，見危而栗，或未能强勉以庶幾，又乃況女德斯荏，陰儀不剛！曩使回易其心，抑亦寒鄉凡裔，内則所不求，固然無足怪。而五烈生非清門，鑒非圖史，并共慷慨大節，决然誓命以裁。當其據節鋭情，一往不改，金石同其精堅，鬼神泣其幽渺。所爲寧載於義而死，毋載於地而生者，何其廩廩歟！且夫牖民以章教爲務，自昔爲政，崇獎前徽，固將以忠孝貞廉之行，動其彝德之好，而生其感也。如五烈之清英潔白，誠宜激厲洗頹，此而不圖，其何以奉紹理化。予甚恧焉。是用肇造祠宇，以樹風聲，庶夫仰遺芳者，知所興起，而深幸汪君之能相與以有成也。汪君淮南宿德，居鄉行義弗倦，今兹盛舉，其功於名教尤大。祠建於雍正十一年九月，閲三月而訖工。中爲堂，幾楹、門廡、廊舍咸具，蓋明靈妥於是，是爲不泯矣。葺而新之，當所期於來者。

重修范文正公祠記　汪應庚

宋資政殿學士、尚書、户部侍郎、謚文正范公忠節大儒，文章勛業，震耀無窮。自慶曆至今六百餘年，祠祀幾遍天下。揚之有公祠也，以公爲右司諫時，江淮旱蝗，請遣使循行。朝廷即命公安撫，所至除淫祀，賑乏絶。民有食烏味草者，擷草以進，請示六宫貴戚，戒其侈心。又嘗監西溪鹽税。海陵舊有捍海堰，堙廢已久，民苦秋潮冒田。公謀于發運使張綸，請修復之，西自鹽城，北至山陽，南至通、泰、海門，築堤壘石，連亘數百里。又置閘納潮于邗，通利漕運，海濱沮洳瀉鹵之地，復爲良田，民以奠寧。二事於公之生平，非其大者，亦足以見公己饑己溺之心，禦災捍患之略，知無不言、言無不盡之誠，明敏通照、决事如神之識。宰天下則功在天下，莅一方則功在一方。揚人之繫思而俎豆之，固其宜也。慶曆聖德之詩，韓、范、富、歐陽謂之“四傑”。當公出知饒州，歐公移書諫官，責其不言，斥爲無耻。高若訥繳奏，歐公與余靖、尹洙悉從公貶，當時又謂之“四賢”。至於墓碑所書，獨著其行，已臨事繫于天下。國家之大，知公者獨歐公爲最深。揚人建公祠于蜀岡，與歐公平山堂相望，又其宜也。明季，公裔孫良彦以御史巡按南畿，有事于祠，僚屬陪位，士庶觀禮。時方修建訖功，有嚴有翼，亦越百年，榱桷朽蠹，赤白陊剥。應庚鳩工重葺，因故爲新，蓋風義之所感激不容已者，亦庶幾致敬先賢云爾。

重修胡安定先生祠記　汪應庚

先生學通經術，爲范文正公所知，薦校鐘律，授試秘書省校書郎。後范公經略陝西，辟丹州推官，以保寧節度推官，教授湖州。召爲諸王宫教授，以病免。已而以太子中允致仕。皇祐中，更鑄太常鐘磬，再召入京，議樂于秘閣，授光禄寺丞、國子監直講。樂成，遷太常寺丞，賜緋衣、銀魚。嘉祐中，以太子中允充天章閣侍講，前後遷秩，皆不離太學。此先生歷官之較然者也。先生教學之法，慶曆建太學之時頒天下，以爲著令，經義時務，有以砭學者專尚詞章之病。又言行而身化之，其教嚴而信，其道久而尊。其爲學官及居太學，四方學者雲集，至館舍不能容。其從先生學而歸者，材無高下，皆喜自修飭，衣服容止往往相類，人遇之雖不識，皆知其爲先生弟子也。當其從太學去歸其鄉也，都城賢士大夫送之東門，至與諸生同執弟子禮。路人嗟嘆以爲榮。景祐明道以來，能爲師者唯先生與孫復、石介三人。江都潘及甫有文行，聞先生倡學於湖，往從之。先生愛其文，以爲非諸生所及，遂補學職。後及甫舉進士，官屯田員外郎，遷左朝散，以詩禮終其身。學者以先生爲知人，此先生善教之歷然者也。《宋史》《東都事略》皆云先生泰州人，而《郡志·人物》不載，蜀岡祠堂不爲撰文立碑，余每惑焉。是以鳩工庀材，堂宇門垣悉加繕葺，而詳記先生之生平，刻石以陷置壁間，庶幾後人得以恍瞻遺範，追想緒言，而欣然有所興起也。

揚州東園記　屈復

東園曰“揚州”者，别於真州也。園在城西而曰“東園”者，地居蓮性寺東，因以名之，從舊也。前五十年，余嘗登平山堂，北郭園林連錦錯綉，惟關壯繆祠外荒園一區，古杏二株扶疏，干雲日，叢篁蓊密，荆棘森然。去年春，又過之，則凋者芳，[2]瑰者殖，凹凸者因之而高深，游人摩肩繼踵矣。周以修廊，紆以曲檻，右結翛然亭，左構春雨堂。嶺下爲池，梁偃其上，新泉出焉，味甘洌，不減蜀岡，名曰“品外第一泉”。雲山、吕仙二閣矗乎前後，門臨流水，花氣烟霏，而古杏新篁，愈濃且翠，縱步躋攀，携手千里。堂以宴，亭以憩，閣以眺，而隔江諸勝皆爲我有矣。臨汾賀吴村舉酒屬予曰：“此某偶約同鄉諸君所新葺者也。歐文忠《東園記》有云‘四方之客，無日而不來’，吾三人者，則有時而皆去也。今揚之衝繁過於真，來者日益多，君行，且歸老於北，余明年亦將旋里矣。幸爲余記之。”夫君與鄉之同志標舉勝概，既各適其適，而籬門不閉，揚之人士又時游焉。雖去，而鄉之同志有不封殖其林木、修葺其墻屋者乎？揚之人有不因鑒湖而懷賀監者乎？則君固未嘗去耳。吴村名君召，喜風雅，好賓客，與人不設町畦，每觴余於此。余知其襟度灑然，异夫擁所有以自封者，故爲之記。

序

國　朝

題東山公平山堂詩後　趙吉士

先徵君東山公師豫章黄楚望先生，得程朱之學，發明春秋大義，立學齋教授生徒。[3]遇亂，部署土人策捍圉，即鄰邑亦禀受方略云。入明，徵聘史局，與宋文憲、王忠文諸公齊名。有贈貽詩札，載在集中。集刻舊本，世藏家塾。吾祖父以授吉士，時時奉讀，見有《平山堂次韻》詩。兹領榷揚州，重刊遺集，適閲《揚州志》，則平山堂詩久入志。公暇招侣游平山，觀碑刻，見先句未有刻。吉士敬摹勒上石，踵原韻附之。嗟乎！江山風月，今古如斯，游踪題咏，莫可指數，要須詩以人傳，未必詩能傳人也。先徵君詩流傳三百年，寧待勒石。然海宇名勝，尤有以人增重者，自兹以往，游目興思，或不但以楊柳春風，徒作文人一曲也。至於吉士登臨者屢矣，迨是時始紀名石末，附先徵君以傳，則予小子之幸也夫。

《平山攬勝志》序　汪應銓

余嘗以謂揚之蜀岡與蘇之虎丘，相隔江南北，而兩山相類。顧野王謂虎邱高不抗雲，深無藏景，卑非培塿，淺异疏林；路若絶而復通，石將斷而復綴；抑巨麗之名山，大吴之勝壤。蜀岡隆然土阜，發脉萬里。朱子所謂岷山夾江兩岸而行，自嶓冢漢水之北，生下一支，至揚州而盡。洪邁以爲登臨氣概，突兀古今。蓋皆指蜀岡，言之甚矣。兩山之相類也：虎丘自晋二王捨宅，至唐而魯公有“崇飾四時新”之句，白傅有“海當亭兩面，山在寺中心”之咏，棟宇之盛，可以想見。明遭蹂躪，旋復舊觀，以迄今日。虎邱爲東南游觀之最勝，千數百年於兹矣。蜀岡自歐公守揚，作堂宏壯，冠絶淮南，而公徙知他郡，其時已有“池臺草莽”之慨。其後數百年，屢有興廢。而余十數年前所見，荒塗曠野，巋然古堂，與棲靈舊刹寥闃相并而已。吾家光禄君不惟葺而新之，於堂之東西創營重構，梵宫禪室，飛樓涌殿，一如毗盧，示現人間。亭榭之參差，欄檻之高下，繚垣之曲直，互相蔭映蔽虧。於萬松茂樾、寒泉澄碧之間，行旅有憩息之所，游人有憑眺之娱，不啻與海涌一峰相伯仲矣。余嘗閲《虎邱山志》，援引詩文多幽遐瑰异之作，亦其景氣使然。光禄君編斯志也，春容大篇，有過之者，復有飄然不群，足備吟咀，詩文與山水千古矣。既卒讀，序而歸之。

《平山堂小志》序　程夢星

揚州名勝之地，自昔有聞，而平山堂者，肇始於歐陽文忠，厥名特振。顧由廢興不一，山堂之勝概，與歷代之盛衰，編摩記載，卒無其人，予嘗慨焉，欲有所論。夫蘭亭之址，發皇於右軍；虎阜之墅，維殉及珉；鄧尉因於鄧禹，焦岩著自焦先；有子美之幽寄，乃留踪滄浪之濱；有和靖之栖遁，而後孤山之迹以存。凡此類者，雖一山一水，咸藉淹雅之士薈萃於篇，所以前人之流風餘韻不致鬱湮，後之覽者亦足以當夫游般。矧斯堂也，極盛於慶曆之際，折花命酒，宴集朋賓。歐公往而劉公至，一時風景依然。迨東坡三過，尤寄意殷勤。南渡已後，戰壘雲屯，基傾草鞠，樵牧紛紜。元明之代，低佪憑吊者惟徒感嘆於荆榛。洎我熙朝，賢守高士經營修復，踵事維新。聖人南狩，翠華時巡，騰六飛而來幸，灑宸翰以寵頒。於是山靈獻媚，竹樹增妍，詩歌盈耳，游賞摩肩。此則近事之有徵者，又曷可以闕而無傳。至於訪棲靈之舊塔，辨大明之芳泉，眺摘星之傑峙，尋蜀岡之蜿蜒，春貢之亭足考，竹西之路可循，是皆有須綴輯，以補《圖經》之未全。予竊有懷于此，而愧塵俗相牽爾。乃操觚勒成一編。趁十旬之休暇，彙今昔以流連，庶聘懷游目者于此其有取旃。

揚州東園題咏序　賀君召

揚之游事，盛於北郊，香輿畫船，往往傾城而出，率以平山堂爲詣極，而蓮性寺則中道也。余鄉人所創關侯祠側隙地一區，界寺之東，叢竹大樹，蔚有野趣，爰約同人括而園之。中爲文昌殿、吕仙樓，付僧主焉；籬門不扃，以供游者往來。乃未斷手而舸織舟經，題咏者遍四壁。夫揚州古稱佳麗，名公勝流，屨舄交錯，固騷壇之波斯市也。城内外名園相屬，目營心匠，曲盡觀美，而賞者獨流連兹地弗衰，將無露臺月榭、華軒邃館外，有自得其性情於蕭澹閑遠者與。昔人園亭，每藉名輩詩文，遂以不朽。蘭亭觴咏無論，近吴中顧氏玉山佳處，叩其遺迹，知者鮮矣。而讀鐵崖、丹邱、蜕岩、伯雨諸公倡和，則所爲緑波齋、浣華館之屬，固歷歷在人耳目也。今冬，擬歸里門，惜壁上作漸次湮蝕，乃就存者副墨以傳，勝賞易陳，風流不墜，不深爲兹園幸耶。且以是誇於故鄉親舊，知江南久客爲不虚耳。

銘

國　朝

蜀岡銘　并序　張朝

蜀岡相傳地脉通蜀，朱子所云"自嶓冢漢水之北生下一枝，至揚州而盡"者。蓋綿亘數千里，特立獨行，無所附麗，類士之知道而有守者。爲之銘曰：

山無倚，厥名蜀；士無偶，其行獨。漢水之陽嶓冢麓，遥遥一綫亘相續。有士卓然志岳岳，如珠在淵玉在璞。知止不殆足不辱，兀立孤騫此其躅。

卓氏四烈墓銘　并序　彭定求

四烈，爲明指揮使卓焕之妻錢宜人，與焕之姑適王刺史者，及焕之二妹大姑、四姑也。焕，故遜國時死難名臣忠貞公九世孫，隨樞輔某公守揚州。城將陷前一日，錢宜人倡義而言曰："婦人不死，必辱。"遂死於屋後之池。時其姑方歸寧，於家亦死。二妹長者十六歲，次者十五歲，皆從之死，池水爲溢。事定方殮，顔色如生，葬於禪智寺側，湖州刺史吴綺爲之志，稱"四烈"云。越六十餘年，焕仲弟炳之子爾堪因禪智葬地卑濕，遷於蜀岡，余方校詩在揚，乃屬書其略於碑，而系以銘曰：

守身大義揭日月，芳名請看道旁碣。閨中少長真英傑，蜀岡從此增峍屼。嗚呼！實維忠貞公之餘烈。

第五泉銘 并序　高士鑰

光禄少卿汪公慕歐公平山堂遺迹，從七百餘年後，重修而恢廓之。東西梵刹，殿閣軒廡，參差高下，照映江山。前郡守、今大中丞尹公爲文，勒碑以記其盛。公一日憑眺岡巒，躊躇四顧，慨然曰："兹山氣體蟠結，而神韻不流，是宜池水淪漣，潤雲霞而宕風月，始足以宣暢襟靈。"於是相度山麓購得地數十畝，鳩工開浚。自冬徂春，積畚鍤之勤，唯恐水不灌注。忽有源泉從地涌出，乃亟捎朽壤，�榛薉窐，然而井谷見泓，然而天日下雪，然而珠璣沸。汲而飲之，其味甘美，不減中泠、惠山。觀者接踵，日不下數千人，咸拊手贊嘆曰："咄哉！此真第五泉也。"《郡志》載第五泉在大明寺西南。大明寺即今棲靈寺，其處正與志合。泉開時，得景福錢。景福，唐昭宗年號也。自唐迄今，此泉之顯晦，不知歷幾何年矣。一旦復見於人間，豈非公好古好事，造物者默相之，俾斯泉踴躍奮迅而出歟。抑何奇也！乃即舊井，堅甃以石，周以層臺，緪以修梁，而作亭于其北，四面臨池。復立碑于池之東，與井相直，而覆以屋。表之曰"天下第五泉"，良常王司勛虚舟筆也。烟波瀰漫，竹樹環匝，自堂西望，縹緲如瀛洲蓬島；自井東望，則又如華嚴樓閣，涌現空際，詎非偉觀耶！今年夏秋苦旱，塘井皆涸，汲水而飲者日萬家而不竭，尤足副公利濟人物之素心。而造物所以默相之，此又其大焉者也。夫世人役身于聲利之藪，語之以山林泉石之娱，有掉首不應者矣。即或創園亭池沼，有重門扃鐍，以供歲時燕樂者矣。若公於四海，公好之名區，千古風流之勝迹，合數百載以上。數百載以下，人人所規擬而不及爲者，一一爲之；不惜數萬之資，經營至十年不倦，非識量曠遠，物我齊觀，其孰能之。至是而山之氣韻流襟，靈暢平山一堂，而知仁動静之致備矣。使歐公復生，則其詩所云"山横天地，花發池臺"者，留連真賞，更當何如！公之心與廬陵遥相質也，公之澤不與斯泉俱永乎。余忝守土，深服公利濟人物之誠，又喜其得泉之奇，故叙其事而銘之曰：

猗歟兹泉，潛通滄溟。第五之名，穹壤俱永。晦而復顯，人與神并。兹泉不知，冲然淵静。炎歊冰雪，挹注甘冷。視此貞珉，無勞拜耿。

【校勘記】

[1] 地：乾隆三十年本作"地"，天保十四年本、光緒九年本、光緒二十一年本均作"暢"。
[2] 凋：乾隆三十年本、光緒九年本、光緒二十一年本均作"凋"，天保十四年本作"蕪"。
[3] 立：乾隆三十年本、光緒九年本、光緒二十一年本均作"立"，天保十四年本作"共"。

平山堂圖志卷第十　雜識

廣陵地處江、淮之介，平原瀰迤，無高山深谷、瀑流急湍以供攬擷。獨城北蜀岡，踞一郡之勝，憑眺昇、潤二州諸山，浮青渲碧，歷歷眉際。宋歐陽文忠公建平山堂于此，迄今餘六百年。過其地者，莫不仰止遺風，流連歌咏，而不能已。游人率常買舟，出鎮淮門，沿洄而西，夾岸園林，水木明瑟，參差掩映於雉堞間，名小秦淮。迤北爲紅橋，新城王尚書冶春地也。緑柳堤西爲法海寺，游舸皆小泊於此。縱棹稍北，經保障湖，舍舟遵陸，可三里許，陟岡而上，以登斯堂。堂之後曰真賞樓，其東屋宇翼然相并者，即棲靈寺。出寺東穿松徑至最高處，登萬松亭，清籟喁于耳目。逾曠折而下，循東麓登功德山，則觀音閣在焉。堂之西，緑陰翳空，不見曦景，曰梧桐徑。其中有井，上覆以亭，即向所傳爲第五泉也。踐磴道稍降，有池呀然，約十餘畝，傍植桃柳拒霜之屬，曰山池。亘以修梁，繕亭其上，曰水亭。亭之南，當水心爲石臺。中甃巨井，翼以扶闌，圍丈許，浚池時所得，蓋古第五泉在。是池南數十武爲五烈墓，封樹相接。其西即五烈祠，與司徒廟相連。又西爲范文正、胡文定二公祠。蜀岡名勝，至此略盡焉。汪應庚《平山攬勝志》。

元和四年二月丁卯，至揚州。戊辰，上棲靈浮圖。辛未，濟大江，至潤州。李翱《來南録》。

太保令狐相出鎮淮海日，支使班蒙與從事俱游大明寺之西廊，忽睹前壁題云："一人堂堂，二曜重光，泉深尺一，點去冰旁，二人相連，不欠一邊，三梁四柱烈火然，添却雙鈎兩日全。"諸賓觀之，皆莫能辨，獨班支使曰："一人，大字也；二曜，日月，明字也；尺一者，十一寸，寺字也；冰去點，水字也；二人相連，天字也；不欠一邊，下字；三梁句，無字也；添却雙鈎爲兩日，比字也。以此觀之，得非'大明寺水天下無比'八字乎。"衆皆恍然。謂："黄絹之智，無以异也。"詢之老僧，云："頃年有客獨游，題之而去，不言姓氏。"馮翊《桂苑叢談》。

廣陵嘗得明公鎮撫，民俗去思未遠，幸遵遺矩，莫敢有逾。獨平山堂占勝蜀岡，江南諸山一目千里。至大明井、瓊花二亭，此三者，拾公之遺以繼盛美爾。歐陽修《與韓琦手簡》。

歐陽文忠公在揚州作平山堂，壯麗爲淮南第一。堂據蜀岡，下臨江南數百里，真、潤、金陵三州隱隱若可見。公每暑時，輒凌晨携客往游，遣人至邵伯取荷花千餘朵，以畫盆分插百許盆，與客相閑。遇酒行，即遣妓取一花傳客，以次摘其葉，盡處則飲酒，往往侵夜載月而歸。余紹聖初始登第，嘗以六、七月之間館于此堂者幾月。是歲大暑，環堂左右老木參天，後有竹千餘竿，大如椽，不復見日色，蘇子瞻詩所謂"稚節可專車"是也。寺有一僧，年八十餘，及見公，猶能道公時事甚詳。邇來幾四十年，念之猶在目。今余小池植蓮雖不多，來歲花開，當與山中一二客修此故事。葉夢得《避暑録話》。

歐公在揚州，暑月會客。取荷花千朵，插畫盆中，圍繞坐席，又命坐客傳花，人摘一葉，盡處飲以酒。故《答吕通判》詩云："千頃芙蕖蓋水平，揚州太守舊多情。畫盆圍處花光合，紅袖傳來酒令行。"然維揚芍藥妙天下，可以奴視荷花，而是時歐公不聞有芍藥勝會，何耶？東坡在東武四月，大會於南禪、資福兩寺，翦芍藥置瓶盆中，供佛外，以供賞玩，不下七千餘朵。有白花獨出於衆花之上，圓如覆盂，因有"兩寺裝盛寶瓔珞，一枝争看玉盤盂"之咏，惜乎歐公未知出此。葛立方《韻語陽秋》。

慶元間，右司郎中麋師旦游平山堂，恍如疇昔所經，獨嘆惜壁間字畫、堂前楊柳之不存耳。翌日渡江，適其兄倅京口，即移柳數十本，屬揚帥趙子固爲補植。且寄詩云："壁上龍蛇飛去久，堂前楊柳補來新。一生企慕歐陽子，重到平山省後身。”《寶祐維揚志》。

開禧邊釁之起，揚郡本無侵軼，時鎮帥畏怯欲遁，假清野之名縱火於外，負郭室屋延燔一空，而堂遂爲荆榛瓦礫之場。其時，郭倪知揚州，吏部閻蒼舒有《贈揚州郡帥郭侯》詩云：“平山堂上一長嘆，但有衰草埋荒邱。歐仙蘇仙不可唤，江南江北無風流。”蓋直指其事以刺之也。程夢星《平山堂小志》。

揚州蜀岡上大明寺平山堂前，歐陽文忠公手植柳一株，謂之歐公柳。公詞所謂“手植堂前楊柳，别來幾度春風”者。薛嗣昌作守相時，亦種一株，自榜曰薛公柳，人莫不嗤之。張邦基《墨莊漫録》。

“水流天地外，山色有無中”，王維詩也。權德輿《晚渡揚子江》詩云“遠岫有無中，片帆烟水上”，已是用維語。歐陽公長短句云“平山欄檻倚晴空，山色有無中”，詩人至是蓋三用矣。然公但以此句施於平山堂爲宜，初不自謂工也。東坡先生乃云“記取醉翁語，山色有無中”，則似謂歐陽公創爲此句，何哉！陸游《老學庵筆記》。

歐陽公送劉貢父守維揚作長短句云：“平山欄檻倚晴空，山色有無中。”平山堂望江左諸山甚近，或以謂永叔短視，故有“山色”句。東坡笑之，因賦快哉亭道其事云：“長記平山堂上，欹挽江南烟雨，杳杳没孤鴻。認得醉翁語，山色有無中。”蓋“山色有無中”，非“烟雨”不能然也。嚴有翼《藝苑雌黄》。

歐陽公守維揚日，于城西北大明寺側建平山堂，頗得游觀之勝。劉原夫出守揚州，公作《朝中措》餞之。李良年《詞林紀事》。

歐陽公自維揚移守汝陰，作《西湖》詩云：“都將二十四橋月，换得西湖十頃秋。”東坡自潁移維揚，作詩寄曰：“二十四橋亦何有，换此十頃玻璃風。”仿歐公詩也。趙德麟《侯鯖録》。

東坡登平山堂，懷醉翁，作此詞。張嘉甫謂予曰：“時紅妝成輪，名士堵立，看其落筆，置筆，目送萬里，殆欲仙去爾。”余衰退，得觀此於祐上座處，便覺烟雨孤鴻在目中矣。釋德洪《石門題跋》。

熙寧四年，眉山蘇文忠公軾在潁州，有《陪歐公宴西湖》詩。過廣陵，有《會三同舍》詩。七年，登州王居卿知揚州，蘇公去杭之密州仕，過揚州，有《平山堂和祠部王居卿》詩。元豐三年，自彭城移守吴興，過揚州，有《平山堂・西江月》詞。“三過平山”“十年不見”之語，蓋距潁州陪宴時將十年。歐公卒於熙寧五年，故云“欲吊文章太守，仍歌楊柳春風”也。及元祐七年，始知揚州，甫半載，改兵部尚書，有《游蜀岡送李孝博》詩。獨無平山堂詩，疑集中失載耳。《小志》。

《復齋漫録》云：“晏元獻赴杭州，道過維揚，憩大明寺，瞑目徐行，使侍吏讀壁間詩板，戒其勿言爵里姓氏，終篇者無幾。又俾誦一詩，徐問之，江都尉王琪詩也。召至同飯，飯已，又同步池上。時春晚，已有落花，晏云：‘每得句書墻壁間，或彌年未嘗强對，且如“無可奈何花落去”，至今未能對也。’王應聲曰：‘似曾相識燕歸來。’自此，辟置薦館職，遂躋侍從矣。”《苕溪漁隱》曰：“《昭陵諸臣傳》，元獻不曾知杭州，乃云元獻赴杭州，道過維揚，所紀皆誤也。”胡仔《苕溪漁隱叢話》。

王君玉内翰初登第，調揚州江都縣，簿題九曲池詩，晏元獻閲之賞嘆，薦爲館職。又嘗乞夢于后土祠，夜得報云：“君年二十七，官至四品。”時年正二十七，大惡之。過歲，乃稍自安。後以禮部侍郎、樞密直學士致仕，未改官制，時正四品，年七十二云。《許彦周詩話》。

方圭好爲惡詩。仁宗朝，宋庠知揚州，圭來謁，宴於平山堂，圭誦詩不已。庠見野外有牛就木磨癢，謂坐客晁詠曰：“青牛恃力狂挨木。”詠應聲曰：“妖鳥啼聲不避人。”圭悟其意，飲散擊詠。《姓譜》。

秦觀字少游，高郵人，吕申公守維揚，以舉子謁見。時適中秋，雲山閣落成，宴客其上。公素聞秦才名，即煩撰樂語云：“雲山檐楯接低空，公宴初開氣鬱葱。照海旌旗秋色裏，徹天簫鼓月明中。香槽旋滴珠千顆，歌扇驚圍玉一叢。二十四橋人望處，台星正在廣寒宫。”祝穆《方輿勝覽》。

吕申公在揚州日，因中秋令秦少游預作口號，少游遂有“照海旌幢秋色裏，徹天鼓吹月明中”之句。然是夜却微陰，公云：“使不着也。”少游乃别作一篇，其末云“自是我公多惠愛，却回秋色作春陰”，真所謂翻手作雲也。王立之《直方詩話》。

自還家來，比會稽時人事差少，杜門却掃，日以文史自娱。時復扁舟循邗溝而南，以適廣陵。泛九曲池，入大明寺，飲蜀井，上平山堂，折歐陽文忠公所種柳而誦其所賦詩，爲之喟然以嘆。遂登摘星寺，其地最高，金陵、海陵諸山歷歷皆在履下。其覽眺所得佳處，不減會稽望海亭，但制度差小耳。秦觀《與李樂天柬》。

劉錡，順德人，以功授江淮制置使。紹興三十一年冬十一月，金主完顔亮至淮，錡引兵屯揚州，安撫劉澤勸錡退舍。金主自山路徑趨揚，屯平山堂下，錡乃退軍于瓜洲鎮。金主遣萬户高景山逐錡，與官軍遇，錡命統制賈和仲、吴超拒之於皂角林。《宋史》本傳，參《府志》。

王鑒字仲明，幼精騎射。紹定三年，李全犯揚州，鑒從趙葵迎擊之。賊識鑒旗幟，曰："淮東硬軍也。"四年，安撫使趙范約鑒出戰，鑒躍馬出北門。或以非地分，勸徐行，鑒不顧。全適設宴平山堂，意輕我軍，鑒單騎直前，相距才數百步，抗聲駡賊。全怒，奔馬與戰，葵遣兵斷其歸路，全爲鑒所敗。《揚州府志》。

紹定三年，李全攻揚州南門，都統趙勝提勁弩注射，全稍引退。史彌遠與全書，許增萬五千人糧，勸歸楚州，全擲書不受。聞趙范、趙葵已入揚，乃以衆守泰州，己引兵至灣頭，胡義將先鋒至平山堂。全攻城東門，不利，使將張友呼請見葵，隔濠立馬，相勞苦，葵切責之而去。全一意長圍，以持久困官軍，不復薄城，日于平山堂張蓋奏樂，布置指揮。范、葵親帥將士鏖戰，自辰至未，殺傷相當，互有勝敗。四年正月，李虎出南門，楊義出東門，王鑒出西門，崔福出北門，各扼賊圍，開土城數處，范、葵提兵策應。全步騎數千出戰，諸軍奮擊，多所俘馘。全始自悔，匆匆不樂。會元夕，城中放燈張樂，姑示整暇，全亦載妓女張燈平山堂。《宋史·李全傳》。

李全圍揚州，合諸項軍馬，并驅鄉民二十餘萬，一夕築長圍數十里，圍合揚之三城，爲必取之計。會元夕，欲示閑暇，於城中張燈大宴，全亦張燈於平山堂。中夜，全乘醉引馬步，極力薄城，趙范命其弟葵領兵出城迎戰。至三鼓，勝負未決。葵先命李虎、丁勝同持兵塞其瓮門，至是，全欲還而門已塞，進退失據，且戰且退，遂陷於新塘，由是各散去。次日，於沮洳中得一紅袍而無一手指者，乃全也。先是，全投北，嘗自斷一指，以示不復南歸。周密《齊東野語》。

李庭芝，字祥甫，淳祐初舉進士，中第。開慶元年，乃主管兩淮制置司事。平山堂瞰揚城，元兵至，則構望樓其上，張車弩以射城中。庭芝乃築大城包之，募汴南流民二萬人以實之，命爲武鋭軍。《宋史》本傳，參《府志》。

元盛時，揚州有趙氏者，富而好客，其家有明月樓，人作春題，多未當其意。一日，趙子昂過揚，主人知之，迎至樓上，盛筵相款。酒半，出紙筆求作春題，子昂援筆書云："春風閬苑三千客，明月揚州第一樓。"主人得之甚喜，盡徹席間銀器以贈。貫雲石亦有詞咏樓，調寄《水龍吟》云："晚來北海風沉，滿樓明月留人住。橘花香外，玉笙初響，修眉如妬。十二闌干，等閑隔斷，人間風雨。望畫橋檐影，紫芝塵暖，又唤起，登臨趣。　　回首西山南浦，問雲物，爲誰掀舞。關河如此，不堪騎鶴，盡堪來去。水落湖平，小衾轉，已非吾土。且從容對酒，龍香涴繭，寫平山賦。"《詞林紀事》。

王士禛，字貽上，號阮亭，謁選，得揚州推官。揚當孔道，四方舟車畢集，人苦應接不暇。公以游刃行之，與諸名士文宴無虚日，如白、蘇之宦杭，風流欲絶。公既殁，揚之邑士請於江南學臣胡宫庶潤，祀公名宦。又於平山堂歐公祠，以公配享，益以蘇文忠公，并稱"三賢"。三公之才德名位，信乎异代同調，微斯人，烏足以當之。宋犖《王士禛墓志銘》。

山人官揚州，地號繁劇，公事畢，則召賓客泛舟紅橋、平山堂，酒酣賦詩，斷紈零素，墨瀋狼籍。吴梅村先生云："貽上在廣陵，晝了公事，夜接詞人。"蓋實録也。王士禛自撰《年譜》。

康熙元年壬寅春，與袁于令籜庵、杜濬于皇、邱象隨季貞、蔣階釜山、朱克生秋崖、張養重、山陽劉梁嵩、陳允衡伯璣、陳維崧其年修禊紅橋，有《紅橋倡和集》。三年甲辰春，與林古度茂之、杜濬于皇、張綱孫祖望、孫枝蔚豹人諸名士修禊紅橋，有《冶春》詩，諸君皆和。西樵先生曰："貽上早負夙慧，神姿清徹，如瓊林玉樹，朗然照人。爲揚州法曹，日集諸名士于蜀岡、紅橋間擊鉢賦詩，香清茶熟，絹素横飛。故陽羨陳其年有'兩行小吏艷神仙，争羡君侯腸斷句'之咏。"至今過廣陵者，道其遺事，仿佛歐、蘇，不徒憶樊川之夢也。同前，并惠棟注補。

公文章結納遍天下，客之訪平山堂、唐昌觀者，日以接踵。公詩酒流連，曲盡款洽，客相對永日，亦終不忍干以私。公嘗有一莫逆，至臨别，公曰："愧官貧，無以爲長者壽，署有十鶴，敬贈其二，志素交也。"客大喜，載之而去。可不謂廉而慎乎。冒襄《王士禛考績序》。

紅橋在平山堂法海寺之側，王貽上司理揚州，日與諸名士游宴，酒間小有倡酬，江南北頗流傳之，于是過廣陵者，多問紅橋矣。徐釚《南州草堂詞話》。

余少時官廣陵，與諸名勝修禊紅橋，即席賦《冶春》詩二十四首。陳其年後至，贈余詩曰："玉山筵上頹唐甚，意氣公然籠罩人。"劉公㦷曰："采明珠耀，桂旗麗矣。或率而兒拜，或揚袂從風，如欲仙去。冶春詩獨步一代，不必如鐵厓遁作别調，乃見姿媚也。"王士禛《香祖筆記》。

予嘗與袁昭令、杜于皇諸名宿宴于紅橋，予自爲記，作詞三首，所謂"緑楊城郭是揚州"是也。昭令酒間作南曲，被之絲竹。又嘗與林茂之、孫豹人、張祖望綱孫輩修禊紅橋，予首倡《冶春》詩二十餘首，一時名士皆屬和。予既去揚州，過紅橋多見憶者，遂爲廣陵故居。王士禛《漁洋詩話》。

余官揚州司李時，福清林古度茂之，年八十餘歲，自金陵過訪，每集諸名勝，文宴紅橋、平山堂之間，予親爲撰杖。康熙甲辰除夕，[①]茂之以萬曆甲辰已來六十年詩屬予删定，[②]不減數千篇，皆曹能始、鍾伯敬、譚友夏諸前輩所鉛黄。予爲存其甲子以前風華近六朝者，而删其

---

① 康熙甲辰：康熙三年(1664)。

② 萬曆甲辰：萬曆三十二年(1604)。

甲子後詩幾盡，施愚山閏章見之，曰："吾與林翁久游處，非君選，不知其本色乃如是。君之功，林翁大矣。"同前。

"時聞西窗琴，凍折三兩弦"，孟東野詩也。"净幾横琴曉寒，梅花落在弦間"，楊慈湖詩也。"松枝落雪滿琴弦"，倪雲林詩也。"鰣魚出水浪花圓，北固樓前四月天。忽憶戴顒窗户裏，櫻桃風急打琴弦"，予在廣陵時詩也，今不存集中。同前。按：此詩見《帶經堂集·漁洋詩》第十五卷，已收入《藝文》。

金鎮字長徵，山陰人，康熙十三年知揚州府。宋歐陽修平山堂，郡名勝地也，爲棲靈寺僧所占，鎮興復之。更修郡志，皆手自排纂。擢江南驛鹽副使，晋按察使，祀揚州名宦。《揚州府志》。

汪懋麟字季角，號蛟門，其先徽産，繼徙浙，徙揚，遂著籍江都。歐陽文忠平山堂傳數百年，毁爲浮屠之居，君言於太守金君，力修復之。前堂後閒，[1]上祀歐公，其下雜植花、竹、梧桐、楊柳，前賢遺迹，一朝而復，其風流好事如此。王士禛《汪懋麟傳》。

宗元鼎，字梅岑，揚州人，别號小香居士。晚居廣陵之東原，自著《賣花老人傳略》云："手藝草花數十種，辰擔花，向紅橋坐賣，得錢沽酒，市人笑爲花顛。"徐釚《本事詩》。

二十四橋，并以城門、坊市爲名。自韓令坤省築州城，分布阡陌，别立橋梁，所謂"二十四橋"者，或存或廢，不可得而考。祝穆《方輿勝覽》。

揚州在唐時最爲富盛，舊城南北十五里一百一十步，東西七里三十步，可紀者有二十四橋。最西濁河茶園橋，次東大明橋，今大明寺前。入西水門有九曲橋。今建隆寺前。次東正當帥牙南門有下馬橋，又東作坊橋，橋東河轉向南有洗馬橋，次南橋，見在今州城北門外。又南阿師橋、周家橋、今此處爲城北門。小市橋、今存。廣濟橋、今存。新橋、開明橋、今存。顧家橋、通明橋、今存。太平橋、今存。利園橋。出南水門有萬歲橋、今存。青園橋。自驛橋北河流東出有參佐橋。今開元寺前。次東水門，今有新橋，非古迹也。東出有山光橋。見在山光寺前。又自衙門下馬橋直南，有北三橋、中三橋、南三橋，號九橋，不通船，不在二十四橋之數，皆在今州城西門之外。[①] 沈括《補筆談》。

杜牧官于金陵,《寄揚州韓綽判官》詩:"青山隱隱水迢迢,秋盡江南草未凋。二十四橋明月夜,玉人何處教吹簫。""草未凋",今作"草木凋",不見江南草木經寒之意。"教吹簫"作"不吹簫",《金陵志》謂此詩金陵二十四航也。揚州二十四橋之名,備載《夢溪筆談》。"教"字,見寄揚州之意。盛如梓《老學叢談》。

清明前後三五日,士女踏青泛湖,游集勝地。是日,郡人罷市,出西郊蜀岡道上,挈壺榼者絡繹不絶。墓祭以不過清明爲度,修壟增土,俱於是日。他時掃墓,或七月十五,或十月朔日,間有舉行。若清明,則無論貧富貴賤,不敢後時。《揚州府志》。

平山堂酒,土人取平山堂水釀成,故名。同前。

【校勘記】

[1]"間":乾隆三十年本、光緒九年本、光緒二十一年本均作"間",天保十四年本作"閣"。

① 沈括《補筆談》卷三《雜志》本段原文在各橋名後有小字注釋各橋存廢情況,《平山堂圖志》均作大字。此次整理,根據《補筆談》恢復小字注釋。

跋[①]

平山堂以歐陽文忠公而傳閱七百餘載，遇我聖祖仁皇帝、高宗純皇帝親灑御藻，御製詩文聯額，欽賜珍玩天章，炳焕隆恩優渥，而前賢之賢益彰，顧舊志如汪應庚《攬勝志》，程夢星《小志》，第叙藝文而盛典故事未之及焉，閱者憾之。

乾隆乙酉[②]，寧夏趙之壁轉運歷覽山川，博搜書籍變舊志而損益之。首列宸翰，次繪圖，次名勝，次藝文，次雜識，輯爲十卷。採訪無疑，蔚然大觀。乃自粤匪竄擾，園亭苔樹异卉奇花游覽之區，幾爲茂草。事平，雖次第修葺，要未能頓復舊觀。

歲乙丑[③]，予奉命專閫淮揚，肅拜前賢，問諸故老，歷歷遺迹，半歸湮没。撿閲《圖志》，則趙氏原版既毁於火，而其書僅得之世家故紙堆中。竊思聖主之褒崇异數，旌前賢實以勵後人也。記述具存，將考書徵事無不聞風而興起，又況予固有木本水源之思哉！因就圖志重加校訂，付之剞劂，以垂不朽。

光緒九年元月，楚南三吾後裔歐陽利見謹跋。[④]

---

① 此《跋》文乾隆三十年本、天保十四年本未載，據光緒九年本、光緒二十一年本補。

② 乾隆乙酉：乾隆三十年(1765)。

③ 乙丑：同治四年(1865)。

④ 歐陽利見：字賡堂，湖南祁陽人。清水師將領，曾率軍参加中法海戰。《清史稿》卷四五九有傳。

參考文獻

一　古代文獻

(一) 史部

《世説新語》:(南朝宋) 劉義慶撰,(梁) 劉孝標注,王根林校點,上海古籍出版社 2012 年版。

《晋書》:(唐) 房玄齡等撰,中華書局 1974 年版。

《宋書》:(梁) 沈約撰,中華書局 1974 年版。

《南齊書》:(梁) 蕭子顯撰,中華書局 1972 年版。

《梁書》:(唐) 姚思廉撰,中華書局 1973 年版。

《陳書》:(唐) 姚思廉撰,中華書局 1972 年版。

《魏書》:(北齊)魏收撰,中華書局 1974 年版。

《北齊書》:(唐) 李百藥撰,中華書局 1972 年版。

《周書》:(唐) 令狐德棻等撰,中華書局 1971 年版。

《隋書》:(唐) 魏徵等撰,中華書局 1973 年版。

《南史》:(唐) 李延壽撰,中華書局 1975 年版。

《北史》:(唐) 李延壽撰,中華書局 1974 年版。

《舊唐書》:(後晋)劉昫等撰,中華書局 1975 年版。

《新唐書》:(宋) 歐陽修、宋祁撰,中華書局 1975 年版。

《舊五代史》:(宋) 薛居正等撰,中華書局 1976 年版。

《新五代史》:(宋) 歐陽修撰,中華書局 1974 年版。

《宋史》:(元) 脱脱等,中華書局 1977 年版。

《明史》:(清) 張廷玉等撰,中華書局 1974 年版。

《清史稿》:趙爾巽等撰,中華書局 1977 年版。

《清史列傳》：王鍾翰點校，中華書局 1987 年版。

《元和郡縣圖志》：（唐）李吉甫撰，賀次君點校，中華書局 1983 年版。

《太平寰宇記》：（宋）樂史撰，中華書局 1985 年版。

《方輿勝覽》：（宋）祝穆撰，（宋）祝洙增訂，施和金點校，中華書局 2003 年版。

《元豐九域志》：（宋）王存撰，王文楚、魏嵩山點校，中華書局 2004 年版。

《嘉靖惟揚志》：（明）朱懷幹修，（明）盛儀纂，上海古籍書店 1963 年版。

《〔乾隆〕寧夏府志》：（清）張金城修，楊浣雨纂，胡玉冰、韓超校注，中國社會科學出版社 2015 年版。

《讀史方輿紀要》：（清）顧祖禹撰，上海書店出版社 1998 年版。

《平山堂小志》：（清）程夢星編纂，乾隆十六年（1751）刻本。

《平山攬勝志》：（清）汪應庚撰，江蘇廣陵古籍刻印書社 1988 年版；曾學文點校，廣陵書社 2004 年版。

《平山堂圖志》：（清）趙之壁編纂，沈雲龍主編《中國名山勝迹志叢刊》，文海出版社 1971 年版；杜潔祥主編《中國佛寺史志匯刊》（第一輯・第 40 册），明文書局 1980 年版；《中國方志叢書・華中地方（第四〇一號）・江蘇省》，成文出版社有限公司 1983 年版；江蘇廣陵古籍刻印社 1996 年影印版；高小健點校，廣陵書社 2004 年版；白化文主編《中國佛寺志叢刊》，廣陵書社 2006 年版；中國書店出版社 2012 年影印版；《中國地方志集成・寺觀志專輯》，上海書店、江蘇古籍出版社、巴蜀書社 2016 年版；文物出版社 2019 年影印版；茅家琦、江慶柏主編《江蘇文庫・史料編》第九十九册，鳳凰出版社 2020 年影印版。

（二）子部

《晏子春秋》：晏嬰撰，中華書局 1985 年版。

（三）集部

《陸機集》，（晉）陸機撰，金濤聲點校，中華書局 1982 年版。

《搜神記》：（晉）干寶撰，中華書局 1979 年版。

《桂苑叢談》：（唐）馮翊撰，中華書局 1985 年版。

《煎茶水記》：（唐）張又新撰，中華書局 1991 年版。

《李文公集》：（唐）李翱撰，上海古籍出版社 1993 年版。

《楊凝式書帖三種》:(唐) 楊凝式撰,中國書店 2001 年版。

《高適集校注》:(唐) 高適撰,孫欽善校注,上海古籍出版社 1984 年版。

《劉長卿詩編年箋注》:(唐) 劉長卿撰,儲仲君箋注,中華書局 1996 年版。

《劉禹錫全集編年校注》:(唐) 劉禹錫撰,陶敏、陶紅雨校注,岳麓書社 2003 年版。

《王臨川集》:(宋) 王安石撰,商務印書館 1933 年版。

《苕溪漁隱叢話・後集》:(宋) 胡仔纂集,廖德明校點,人民文學出版社 1962 年版。

《齊東野語》:(宋) 周密撰,張茂鵬點校,中華書局 1983 年版。

《元豐九域志》:(宋) 王存撰,王文楚、魏嵩山點校,中華書局 1984 年版。

《夢溪筆談》:(宋) 沈括撰,中華書局 1985 年版。

《避暑録話》:(宋) 葉夢得撰,中華書局 1985 年版。

《韻語陽秋》:(宋) 葛立方撰,中華書局 1985 年版。

《侯鯖録》:(宋) 趙令畤撰,中華書局 1985 年版。

《石門題跋・跋東坡平山堂詞》:(宋) 釋德洪撰,中華書局 1985 年版。

《許彦周詩話》:(宋) 許顗撰,中華書局 1985 年版。

《淮海集箋注》:(宋) 秦觀撰,徐培均箋注,上海古籍出版社 1994 年版。

《歐陽修全集》:(宋) 歐陽修撰,李逸安點校,中華書局 2001 年版。

《歐陽修集編年箋注》:(宋) 歐陽修撰,李之亮箋注,巴蜀書社 2007 年版。

《公是集》:(宋) 劉敞撰,中華書局 1985 年版。

《梅堯臣集編年校注》:(宋) 梅堯臣撰,朱東潤編年校注,上海古籍出版社 2006 年版。

《王安石全集》:(宋) 王安石撰,秦克、鞏軍標點,上海古籍出版社 1999 年版。

《王令集》:(宋) 王令撰,沈文倬校點,上海古籍出版社 1980 年版。

《欒城集》:(宋) 蘇轍撰,曾棗莊、馬德富校點,上海古籍出版社 2009 年版。

《秦觀集編年校注》:(宋) 秦觀撰,周義敢、程自信等校注,人民文學出版社 2001 年版。

《東萊詩詞集》:(宋) 吕本中撰,沈暉點校,黄山書社 2014 年版。

《秋崖詩詞校注》:(宋) 方岳撰,秦效成校注,黄山書社 1998 年版。

《墨莊漫録》:(宋) 張邦基撰,孔凡禮點校,中華書局 2002 年版。

《行書五段卷等》：（宋）吴琚書，黄山書社 2008 年版。
《宋會要輯稿》：劉琳等點校，上海古籍出版社 2014 年版。
《宋高僧傳》：（宋）贊寧撰，范祥雍點校，上海古籍出版社 2014 年版。
《庶齋老學叢談》：（元）盛如梓撰，中華書局 1985 年版。
《李孝光集校注》：（元）李孝光撰，陳增傑校注，浙江古籍出版社 2016 年版。
《涌幢小品》：（明）朱國禎撰，中華書局 1959 年版。
《嘉靖惟揚志》：（明）朱懷幹修，（明）盛儀纂，上海古籍書店 1963 年版。
《菽園雜記》：（明）陸容撰，佚之點校：中華書局 1985 年版。
《萬姓統譜》：（明）凌迪知撰，上海古籍出版社 1994 年版。
《露書》：（明）姚旅撰，劉彦捷點校，福建人民出版社 2008 年版。
《王士禛年譜（附王士禄年譜）》：（清）王士禛撰，孫言誠點校，中華書局 1992 年版。
《王士禛全集》：（清）王士禛撰，齊魯書社 2007 年版。
《漁洋精華禄集注》：（清）王士禛撰，惠棟、金榮注，宫曉衛、孫言誠、周晶、閆昭典點校整理，齊魯書社 2009 年版。
《程昆侖先生詩文集》：（清）程康莊撰，李雪梅、李豫點校，三晋出版社 2008 年版。
《施愚山集》：（清）施閏章撰，何慶善、楊應芹點校，黄山書社 2014 年版。
《黄山草》：（清）黄元治撰，朱世英點注，黄山書社 1985 年版。
《詞苑叢談》：（清）徐釚編，商務印書館 1937 年版；上海古籍出版社 1981 年版。
《揚州畫舫録》：（清）李斗撰，汪北平、涂雨公點校，中華書局 1960 年版。
《欽定新疆識略》：（清）松筠修，《中國邊疆叢書》第一輯，文海出版社 1965 年版。
《香祖筆記》：（清）王士禛撰，湛之點校，上海古籍出版社 1982 年版。
《陸機集》：金濤聲點校，中華書局 1982 年版。
《蘇軾詩集》：（清）王文誥輯注，孔凡禮點校，中華書局 1982 年版。
《詞家辯證　詞壇紀事》：（清）李良年撰，中華書局 1985 年版。
《揚州鼓吹詞序》：吴綺撰，中華書局 1985 年版。
《庶齋老學叢談》：盛如梓撰，中華書局 1985 年版。
《本事詩》：（清）徐釚編輯，杜松柏主編《清詩話訪佚初編（一）》，新文豐出版公司 1987 年版。

《百尺梧桐閣集》：(清）汪懋麟撰，文海出版社 1988 年版。

《知命録(及其它一種)》：(明）陸深撰，《叢書集成初編》，中華書局 1991 年版。

《王士禛年譜》：(清）王士禛撰，孫言誠點校，中華書局 1992 年版。

《碑傳集》：(清）錢儀吉纂，靳斯校點，中華書局 1993 年版。

《清高宗御製詩》：故宫博物院編，海南出版社 2000 年版。

《魏叔子文集》：(清）魏禧撰，胡守仁、姚品文、王能憲校點，中華書局 2003 年版。

《滿漢名臣傳》：吴忠匡總校訂，岳麓書社 2008 年版。

《帶經堂集》：(清）王士禛撰，《清代詩文集彙編》第 134 册，上海古籍出版社 2010 年版。

二　現當代文獻

(一) 著作

《宋詩話輯佚》：郭紹虞輯，中華書局 1980 年版。

《李白年譜》：安旗、薛天緯撰，齊魯書社 1982 年版。

《佛教大辭典》：任繼愈主編，江蘇古籍出版社 2002 年版。

《中國古籍版刻辭典(增訂本)》：瞿冕良編著，蘇州大學出版社 2009 年版。

《中國歷史大辭典(壹)》：鄭天挺、譚其驤主編，上海辭書出版社 2010 年版。

《揚州園林變遷研究—人群與風景》：都銘撰，同濟大學出版社 2014 年版。

《汪懋麟年譜》：胡春麗撰，復旦大學出版社 2014 年版。

(二) 論文

《乾隆〈冰嬉賦〉及其它冰詩解讀》：韓丹撰，《哈爾濱體育學院學報》1999 年第 4 期。

《歐陽修與揚州平山堂》：魏怡勤撰，《檔案與建設》1999 年第 9 期。

《平山堂歐陽祠的太守遺韻》：周懋昌撰，《古典文學知識》2000 年第 5 期。

《日本官板〈平山堂圖志〉跋——中日文化交流史上的一件寶物》：卞孝萱撰，《藏書家》(第五輯)，齊魯書社編，齊魯書社 2002 年版。

《烟雨揚州景 帝王憶清平——乾隆皇帝御筆平山堂詩賞析》:《東方收藏》2011 年第 5 期。

《雅興、豪情與生命的喟嘆——平山堂之於揚州的意義》:崔銘撰,《揚州大學學報(人文社會科學版)》2012 年第 1 期。

《揚州平山堂歷史興廢考述》:程宇静撰,《揚州大學學報(人文社會科學版)》2014 年第 3 期。

《論揚州平山堂的文化意義》:程宇静撰,《蘭臺世界》2015 年第 31 期。

《觀看之道:〈平山堂圖志〉中的地景塑造與政治權力》:王少浩撰,《南京藝術學院學報(美術與設計)》2017 年第 1 期。

《清代寧夏籍兩淮鹽運使趙之壁生平與事迹考述》:陸寧、馬建民撰,《寧夏社會科學》2017 年第 2 期。

《歐陽修對揚州平山堂景觀的建構與書寫》:王兆鵬撰,《新疆大學學報(哲學·人文社會科學版)》2017 年第 3 期。

《方濬頤與揚州平山堂》:方亮撰,《揚州文化研究論叢》2018 年第 1 輯。

《〈平山堂圖志〉中的揚州園林版刻圖像研究》:許浩、王安康、陳濤撰,《廣東園林》2019 年第 1 期。

《一代風流地 千秋翰墨場——揚州平山堂文脉之内容初議》:明光撰,《揚州文化研究論叢》2019 年第 1 輯。

《〈平山堂圖志〉——清代揚州山水版刻圖像中的風景與文化價值研究》:李伊儂、霍艷虹、曹磊撰,《國畫家》2021 年第 2 期。

《基於〈平山堂圖志〉的揚州園林景觀藝術特徵研究》:梅曉林、賈志楠、薛寧、鄒昌鋒撰,《南方農業》2021 年第 15 期。

《清代揚州〈平山堂圖志〉書籍插圖版畫的藝術特征》:陳籬撰,《揚州教育學院學報》2021 年第 4 期。

《園林植物與疊石景觀特徵探析——以〈平山堂圖志〉中的揚州園林爲例》:燕翃翔、徐瑾撰,《佛山陶瓷》2022 年第 10 期。

《〈平山堂圖志〉研究》:吴曉揚撰,北方民族大學中國少數民族史專業 2018 届碩士學位論文,指導教師馬建民副教授。

《清代平山堂文學研究》:張令瀟撰,揚州大學中國古代文學專業 2017 届碩士學位論文,指導教師明光副教授。